东北流亡文学史料与研究丛书·史料卷

# 北京鲁迅博物馆馆藏萧红史料

夏晓静 编

主　　编　张福贵
史料卷主编　李霄明

北方联合出版传媒(集团)股份有限公司
春风文艺出版社
·沈　阳·

**图书在版编目（CIP）数据**

北京鲁迅博物馆馆藏萧红史料 / 夏晓静编．— 沈阳：春风文艺出版社，2020.6（2024.1重印）
（东北流亡文学史料与研究丛书）
ISBN 978 - 7 - 5313 - 5836 - 7

Ⅰ．①北… Ⅱ．①夏… Ⅲ．①萧红（1911–1942）— 人物研究 Ⅳ．①K825.6

中国版本图书馆CIP数据核字（2020）第156971号

---

**北方联合出版传媒（集团）股份有限公司**
**春风文艺出版社出版发行**
**沈阳市和平区十一纬路25号　邮编：110003**
**河北浩润印刷有限公司印刷**

---

**责任编辑**：姚宏越　刘　维　　**责任校对**：曾　璐
**封面设计**：马寄萍　　**幅面尺寸**：155mm × 230mm
**字　　数**：176千字　　**印　　张**：12.5
**版　　次**：2020年6月第1版　　**印　　次**：2024年1月第2次
**书　　号**：ISBN 978-7-5313-5836-7
**定　　价**：49.80元

---

# 序

萧红离开这个世界已经七十七个年头，她的作品不断再版，传记著作也层出不穷，资料不断被挖掘出版，随着研究成果的呈现，萧红又重新回到人们的视野。继续开发和爬梳萧红的相关文献史料是中国现代文学史上一个紧迫的工作。去年秋天，黄乔生常务副馆长交给我一个任务，要将馆藏的萧红史料编辑成一本书，我未敢怠慢，开始在馆藏史料中爬梳。

1934年冬，萧红、萧军逃离青岛，来到上海，从此和鲁迅先生开始了长达近两年的交往，同时也与许广平结下了深厚的友谊。1937年8月13日，抗日战争中著名的战役淞沪会战爆发，萧军和萧红准备到武汉去，除了不便携带的书籍、照片、皮箱等，还有最重要的鲁迅写给他们的信，这些东西既不能放在朋友家，又不能带在身边，踌躇之余，他们第一个想到的就是许广平先生。1937年9月27日，萧军和萧红把这些珍贵的文献和衣物等交给许广平保存，许广平将其视同鲁迅手稿、藏书，完好地保存到新中国成立。1956年3月21日，她将这批书信及萧军、萧红遗物等完好地转交北京鲁迅博物馆，这些是萧红留在这个世界上数量最多且极其珍贵的物品。

我是2002年接手管理鲁迅文物库的，十几年来，接待了不少中外研究萧红的学者和专家，中国的学者有汪凌、袁权、章海宁及姜异新等，他们的研究成果已转化为专著和论文。馆藏萧红的很多文献都收录在《萧红——寂寞而飘零四方》《萧红全传》《萧红画传》《萧红的未完成与当下性——由其自集诗稿出发》等书中。最近一次，也就是去年的初秋，接待了美国汉学家葛浩文（Howard Goldblatt）先生夫妇，黄乔生常务副馆长和《新文学史料》杂志主编郭娟老师等陪同他们观看萧红遗物。葛浩文先生很认真地看着我展示的每一件藏品，当相册打开、萧红照片露出时，他忍不住用非常标准的北京话说："他们总说萧红难看，她一点也不难看，很漂亮，真的很漂亮。"然后端详了许久。葛浩文1985年出版的《萧红评传》，让萧红走进世界文学之林。去年秋天，葛浩文用英文续写、由夫人林丽君翻译成中文的《马伯乐》出版。2017年中国人民大学出版社出版了日本学者平石淑子著，崔莉、梁艳萍翻译的《萧红传》，这让萧红的作品在21世纪的中文世界和外文世界里，重新活了起来。

由于特殊的地缘关系，哈尔滨早在20世纪初，就已经成为传播俄国无产阶级革命的热土。东北文学的发展曾得到鲁迅的关怀。新文学的春风也吹到了边地的呼兰河畔，沐浴了萧红，孕育出了"力透纸背"的《生死场》，"留着那半部《红楼》给别人写去"的"前半部"《马伯乐》，还有散文、诗歌、哑剧，多才的萧红"半生尽遭白眼冷遇，……身先死——不甘，不甘"。

不知道为什么，读萧红的作品，脑回路里总会出现凡·高的画，凡·高的色彩，凡·高的天空。凡·高用画笔和颜料画出了世间的美，萧红用笔和方块字码出了天籁般的文学作品。他们都没有受过各自的专业训练，他们都是在三十几岁就离开了这个世界，却为这个世界留下了不朽的经典之作。

市面见到有关萧红的专著和图录很多，如何编好这本书，的确是一个挑战。为了让这本书立体呈现，除了将带有萧红手泽的手稿、照片等文献资料，带有萧红温度的衣物等图片进行梳理、编排，还增加了一些适当的解读，通过这些文献，把读者带回到萧红所处的时代，追寻她的人生轨迹，了解她文学创作的历程，从而感知她、了解她，走进这位英年早逝女作家的心灵世界。

夏晓静

2019年8月20日于家中

# 目　录

# 一、书信

书信是萧红文献中的一个重要组成部分，具有很高的史料价值、艺术价值和文物价值。北京鲁迅博物馆现存鲁迅致亲友104人的1140封信中，50封以上的占极少数，致曹靖华84封、致许广平79封、致章廷谦60封、致李霁野55封、致郑振铎51封，还有就是收集到本书的致萧军、萧红的53封信，鲁迅致两萧书信的数量位居前五名。

书信是最能感受一个人的真性情，表现一个人的个性和心理特征的文献。鲁迅致萧军、萧红的信，大家都很熟知，已出版的书籍体例大都是按照时间顺序排列，因这是一本关于萧红史料的书，又以书信开头，这一部分就以收信人的名称开始编起：鲁迅致萧红信；鲁迅致萧军、萧红信；鲁迅致萧军信。每一封信上都留下了鲁迅的墨迹和手泽，每一封信都曾被萧军、萧红抚摸过，是有温度的53封信。从书信内容来看，既有鲁迅扶植两萧的生动故事，又有鲁迅和两萧探讨人生、交流生活经验的记录。虽然只有一封开头写着“悄吟（萧红）”的书信，却能让我们从一个新的角度走进萧红的世界。

一百年前，新文化人对尺牍十分关注，《新青年》开辟了《通信》专栏，刊登一些白话书信，提供了一个自由交流的平台，很多倡导新文化的期刊先后效仿。通俗杂志《新生活》也开设了《尺书》栏目。文学的书信开始进入人们的视野，并在文学研究中起着非常重要的作用。鲁迅在《孔另境编〈当代文人尺牍钞〉序》中说过：“现在的读文人的非文学作品，大约目的已经有些和古之人不同，是比较的欧化了的：远之，在钩稽文坛的故实，近之，在探索作者的生平。而后者似乎要居多数。因为一个人的言行，总有一部分愿意别人知道，或者不妨给别人知道，但有一部分却不然。然而一个人的脾气，又偏爱知道别人不肯给人知道的一部分，于是尺牍就有了出路。”所以，想要知道鲁迅和萧军、萧红的那段故事，就从读书信开始吧。用这样一个视角，去接近他们，“并非等于窥探门缝，意在发人的阴私，实在是因为要知道这人的全般，就是从不经意处，看出这人——社会的一分子的真实”。

尺牍最早开头是没有称谓的，收信人是在行文中出现。现存最早有开头称谓的是西汉李陵的《答苏武书》，李陵称苏武为“子卿(苏武的字)足下”，结尾署曰“李陵顿首”。司马迁《报任安书》的开头很长：“太史公牛马走司马迁再拜言，少卿足下。”这封信后未署名，但有结语：“书不能悉意，故略陈固陋，谨再拜。”魏晋时期的尺牍开头称谓有的有，有的没有，唐代的尺牍也这样延续下来。明清时候的尺牍，开头的格式仍然是写信人和收信人并提，姚鼐《复鲁絜非书》起始为“桐城姚鼐顿首，絜非先生足下”。“新文化运动”以降，随着白话文的出现，文言文书信逐渐被白话书信取代。西方书信的表达方法开始对新青年产生了影响，书信的开头直接称呼收信人，并加尊称。诸如“先生”“足下”“大鉴”“膝下”等。

鲁迅写给萧红、萧军信的开头有很多种称呼，关于书信中的称呼问题，萧红在写给鲁迅的信中提出过“抗议”，究竟是怎么提出的，由于两萧写给鲁迅的原信不存，所以无法知道，但从鲁迅1934年11月12日给萧红、萧军的回信中我们似乎读到了萧红提出的问题，鲁迅非常幽默地进行了解答：

> 七日信收到。首先是称呼问题。中国的许多话，要推敲起来，不能用的多得很，不过因为用滥了，意义变成含糊，所以也就这么敷衍过去。不错，先生二字，照字面讲，是生

在较先的人，但如这么认真，则即使同年的人，叫起来也得先问生日，非常不便了。对于女性的称呼更没有适当的，悄女士在提出抗议，但叫我怎么写呢？悄婶子，悄姊姊，悄妹妹，悄侄女……都并不好，所以我想，还是夫人太太，或女士先生罢。现在也有不用称呼的，因为这是无政府主义者式，所以我不用。

1935年10月20日，鲁迅在给他们的信中又写道：

刘军兄<br>悄吟太太　尊前　（这两个字很少用，但因为有太太在内，所以特别客气。）

…………

《生死场》的名目很好。那篇稿子，我并没有看完，因为复写纸写的，看起来不容易。但如要我做序，只要排印的末校寄给我看就好，我也许还可以顺便改正几个错字。

信的开头称呼是商量出来的，结尾同样也是经过两萧的认可才“落实”下来。1934年11月12日，鲁迅在写给萧军、萧红的信的结尾是这样说的：

俪安

这两个字抗议不抗议？

随后的书信，只要开头称呼为“刘、吟（萧军、萧红）”的，结尾的问候一定使用“俪安”或“俪祉”。如果称呼是萧红，或萧军的，结尾问候一定是“双安”和“俪安”交替使用，这似乎已成了这些书信的固定格式。

现存的53封书信是了解萧红的最好媒介，其价值是其他公开发表的文献所无法替代的。首先是它的史料价值。因为出于鲁迅之手，信中涉及了很多中国现代文学史上有成就的作家及历史事件。其次是它的艺术价值。鲁迅既是当时的名人，又是书法家，每封信都是其日常生活中的书写常态，最真实、最原生态地体现了其书法的艺术面貌。当然，最重要的是它的文物价值。信中有很多信笺都是鲁迅精心挑选的，笺纸的颜色、诗文、图案、制作笺纸的店铺等方面的信息都从不同的角度突显了书信文献的文物价值，书法和信笺已经完美结合为一件具有很高价值的艺术品。

## 1. 鲁迅致萧红信

悄吟太太：

来信并稿两篇，已收到。

前天，孩子的脚给沸水烫伤了，因为虽有人，而不去照管他。伤了半只脚，看来要有半个月才会好。等他能走路，我们再来看您罢。

专此布复，并请

双安。

豫上　三月十七日

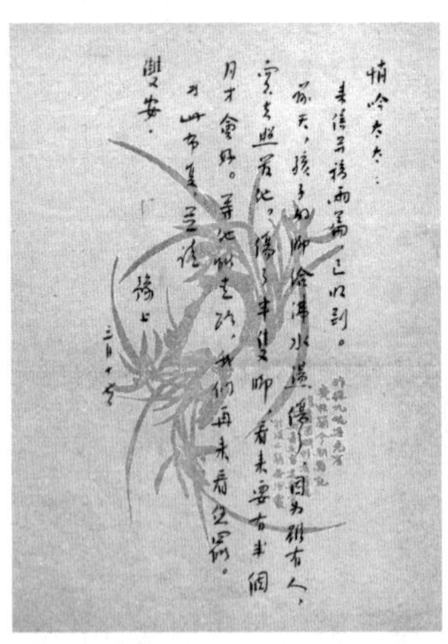

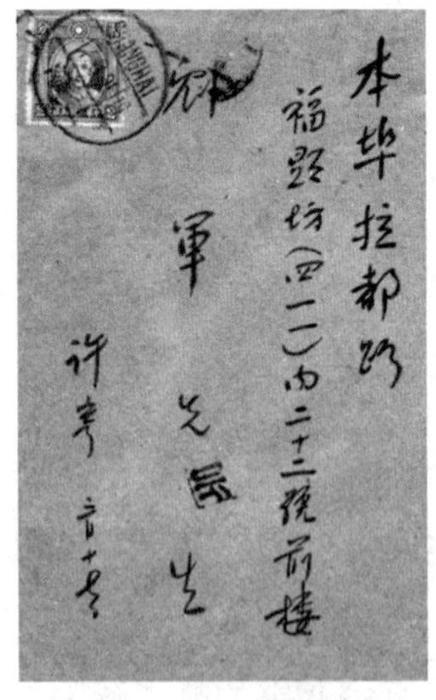

1935年3月17日致萧红（24.7cm×16.1cm）共1页

## 2. 鲁迅致萧军、萧红信

刘、悄两位先生：

七日信收到。首先是称呼问题。中国的许多话，要推敲起来，不能用的多得很，不过因为用滥了，意义变成含糊，所以也就这么敷衍过去。不错，先生二字，照字面讲，是生在较先的人，但如这么认真，则即使同年的人，叫起来也得先问生日，非常不便了。对于女性的称呼更没有适当的，悄女士在提出抗议，但叫我怎么写呢？悄婶子，悄姊姊，悄妹妹，悄侄女……都并不好，所以我想，还是夫人太太，或女士先生罢。现在也有不用称呼的，因为这是无政府主义者式，所以我不用。

稚气的话，说说并不要紧，稚气能找到真朋友，但也能上人家的当，受害。上海实在不是好地方，固然不必把人们都看成虎狼，但也切不可一下子就推心置腹。

以下是答问——

一、我是赞成大众语的，《太白》二期所录华圉作的《门外文谈》，就是我做的。

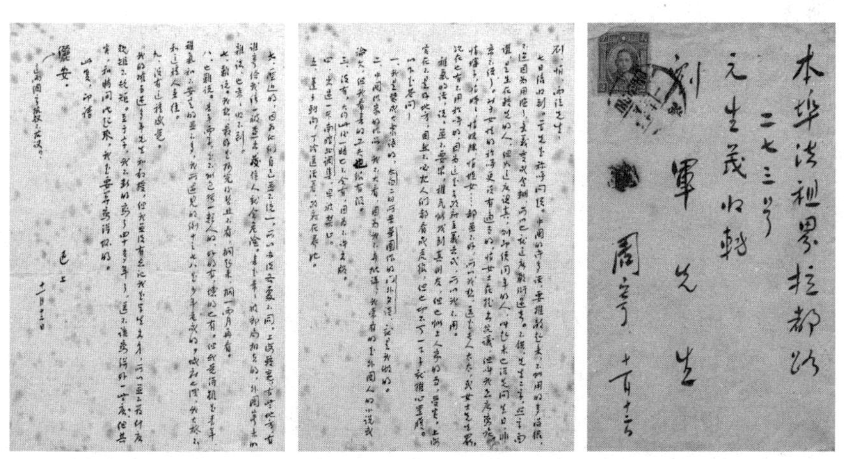

1934年11月12日致萧军、萧红（24.2cm×16.6cm）共2页

二、中国作家的作品，我不大看，因为我不弄批评；我常看的是外国人的小说或论文，但我看书的工夫也很有限。

三、没有，大约此后一时也不会有，因为不许出版。

四、出过一本《南腔北调集》，早被禁止。

五、蓬子转向；丁玲还活着，政府在养她。

六、压迫的，因为他们自己并不统一，所以办法各处不同，上海较宽，有些地方，有谁寄给我信一被查出，发信人就会危险。书是常常被邮局扣去的，外国寄来的杂志，也常常收不到。

七、难说。我想，最好是抄完后暂且不看，搁起来，搁一两月再看。

八、也难说。青年两字，是不能包括一类人的，好的有，坏的也有。但我觉得虽是青年，稚气和不安定的并不多，我所遇见的倒十之七八是少年老成的，城府也深，我大抵不和这种人来往。

九、没有这种感觉。

我的确当过多年先生和教授，但我并没有忘记我是学生出身，所以并不管什么规矩不规矩。至于字，我不断的写了四十多年了，还不该写得好一些么？但其实，和时间比起来，我是要算写得坏的。

此复，即请

俪安。

↑这两个字抗议不抗议？

迅上　十一月十二日

刘、吟先生：

十三日的信，早收到了，到今天才答复。其实是我已经病了十来天，一天中能做事的力气很有限，所以许多事情都拖下来，不过现在大约要好起来了，全体都已请医生查过，他说我要死的样子一点也没有，所以也请你们放心，我还没有到自己死掉的时候。

中野重治的作品，除那一本外，中国没有。他也转向了，日

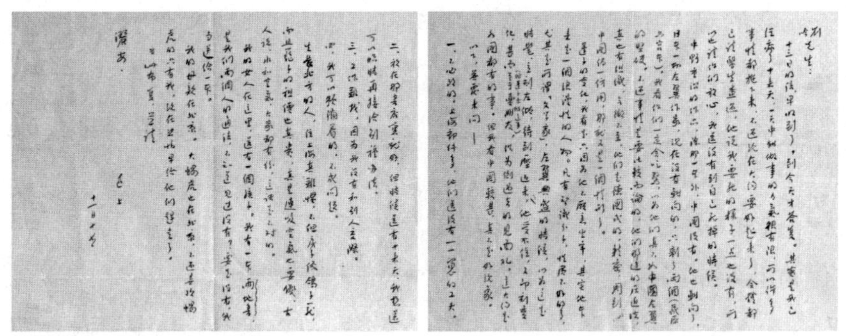

1934年11月17日致萧军、萧红（21cm×27.7cm）共2页

本一切左翼作家，现在没有转向的，只剩了两个（藏原与宫本）。我看你们一定会吃惊，以为他们真不如中国左翼的坚硬。不过事情是要比较而论的，他们那边的压迫法，真也有组织，无微不至，他们是德国式的，精密，周到，中国倘一仿用，那就又是一个情形了。

蓬子的变化，我看是只因为他不愿意坐牢，其实他本来是一个浪漫性的人物。凡有智识分子，性质不好的多，尤其是所谓“文学家”，左翼兴盛的时候，以为这是时髦，立刻左倾，待到压迫来了，他受不住，又即刻变化，甚而至于卖朋友（但蓬子未做这事），作为倒过去的见面礼。这大约是各国都有的事。但我看中国较甚，真不是好现象。

以下，答复来问——

一、不必改的。上海邮件多，他们还没有一一留心的工夫。

二、放在那书店里就好，但时候还有十来天，我想还可以临时再接洽别种办法。

三、工作难找，因为我没有和别人交际。

四、我可以预备着的，不成问题。

生长北方的人，住上海真难惯，不但房子像鸽子笼，而且笼子的租价也真贵，真是连吸空气也要钱，古人说，水和空气，大家都有份，这话是不对的。

我的女人在这里，还有一个孩子。我有一本《两地书》，是我们两个人的通信，不知道见过没有？要是没有，我当送给一本。

我的母亲在北京。大蝎虎也在北京，不过喜欢蝎虎的只有我，现在恐怕早给他们赶走了。

专此布复，并请

俪安。

迅上　十一月十七日

刘、吟先生：

十九日信收到。许多事情，一言难尽，我想我们还是在月底谈一谈好，那时我的病该可以好了，说话总能比写信讲得清楚些。但自然，这之间如有工夫，我还要用笔答复的。

现在我要赶紧通知你的，是霞飞路的那些俄国男女，几乎全是白俄，你万不可以跟他们说俄国话，否则怕他们会疑心你是留学生，招

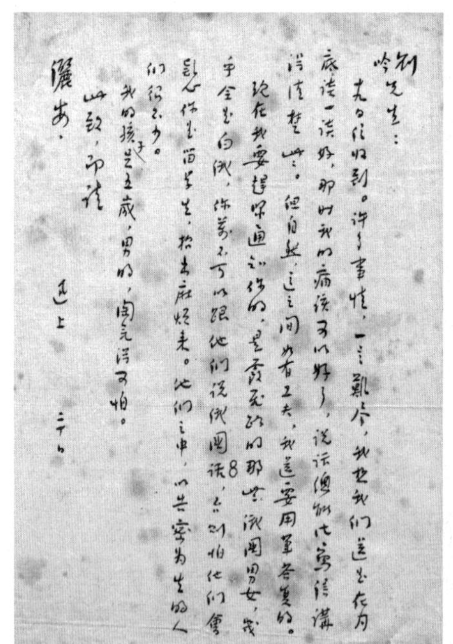

刘
吟先生：

十九日信收到。许多事情，一言难尽，我想我们还是在月底谈一谈好，那时我的病该可以好了，说话总能比写信讲得清楚些。但自然，这之间如有工夫，我还要用笔答复的。

现在我要赶紧通知你的，是霞飞路的那些俄国男女，几乎全是白俄，你万不可以跟他们说俄国话，否则怕他们会疑心你是留学生，招出麻烦来。他们之中，以告密为生的人们很不少。

我的孩子足五岁，男的，淘气得可怕。

此致，即请

俪安。

迅上　二十日

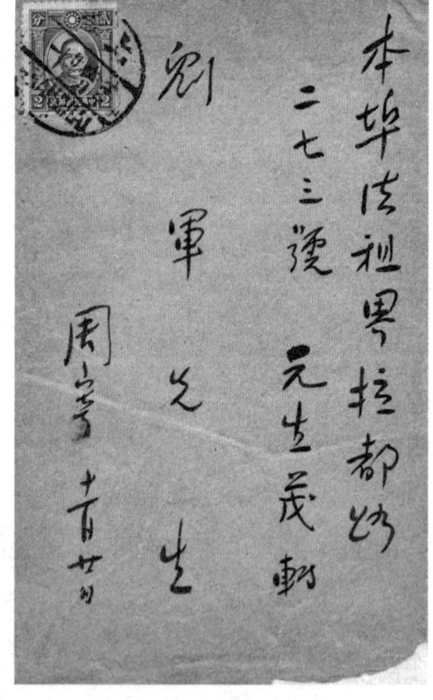

本埠法租界拉都路
二七三号　元生茂转
刘军先生
周寄　十一月廿日

1934年11月20日致萧军、萧红（23.7cm×16.3cm）共1页

出麻烦来。他们之中，以告密为生的人们很不少。

我的孩子足五岁，男的，淘气得可怕。

此致，即请

俪安。

迅上 （十一月）二十日

刘、吟先生：

本月三十日（星期五）午后两点钟，你们两位可以到书店里来一趟吗？小说如已抄好，也就带来，我当在那里等候。

那书店，坐第一路电车可到。就是坐到终点（靶子场）下车，往回走，三四十步就到了。

此布，即请

俪安。

迅上 十一月二十七日

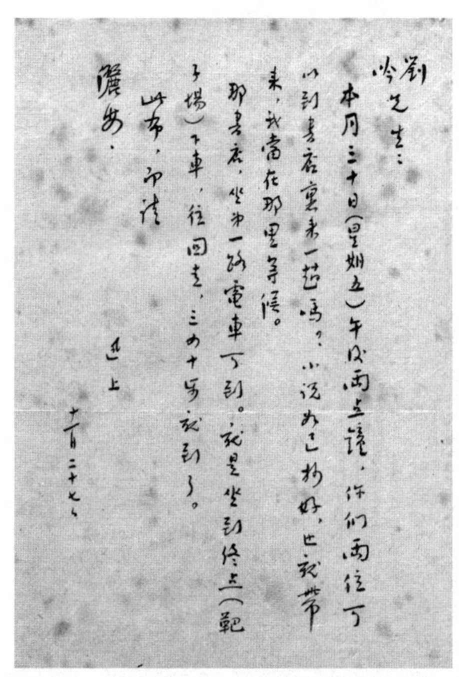

劉、吟先生：

本月三十日（星期五）午後兩点鐘，你們兩位可以到書店裏來一趟嗎？小說如已抄好，也就帶來，我當在那里等候。

那書店，坐第一路電車可到。就是坐到終点（靶子場）下車，往回走，三四十步就到了。

此布，即請

儷安。

迅上

十一月二十七

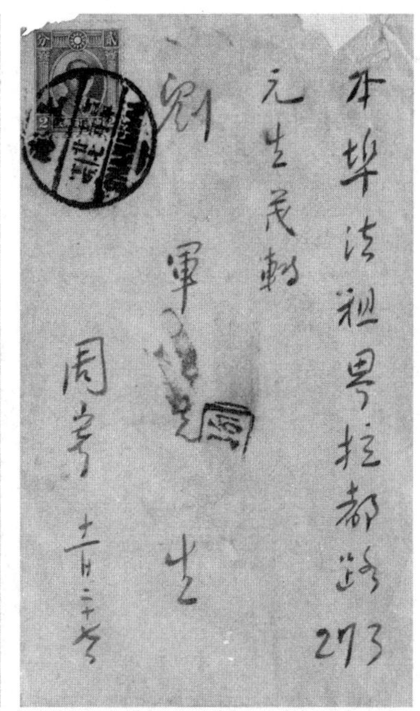



1934年11月27日致萧军、萧红（23.6cm×16.4cm）共1页

刘、吟先生：

两信均收到。我知道我们见面之后，是会使你们悲哀的，我想，你们单看我的文章，不会料到我已这么衰老。但这是自然的法则，无可如何。其实，我的体子并不算坏，十六七岁就单身在外面混，混了三十年，这费力可就不小；但没有生过大病或卧床数十天，不过精力总觉得不及先前了，一个人过了五十岁，总不免如此。

中国是古国，历史长了，花样也多，情形复杂，做人也特别难，我觉得别的国度里，处世法总还要简单，所以每个人可以有工夫做些事，在中国，则单是为生活，就要化去生命的几乎全部。尤其是那些诬陷的方法，真是出人意外，譬如对于我的许多谣言，其实大部分是所谓“文学家”造的，有什么仇呢，至多不过是文章上的冲突，有些是一向毫无关系，他不过造着好玩，去年他们还称我为“汉奸”，说我替日本政府做侦探。我骂他时，他们又说我器量小。

单是一些无聊事，就会化去许多力气。但，敌人是不足惧的，最可怕的是自己营垒里的蛀虫，许多事都败在他们手里。因此，就有时会使我感到寂寞。但我是还要照先前那样做事的，虽然现在精力不及先前了，也因学问所限，不能慰青年们的渴望，然而我毫无退缩

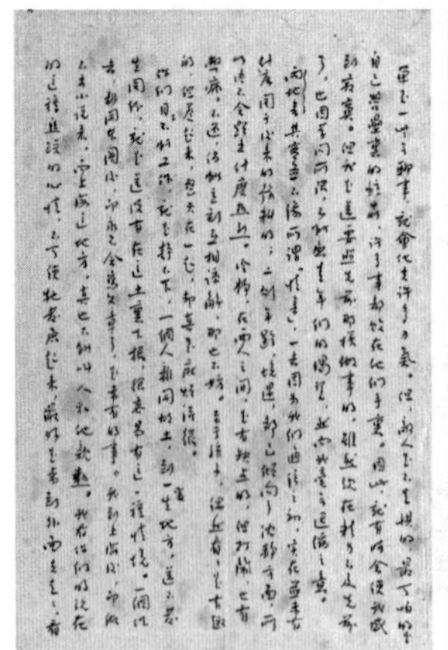

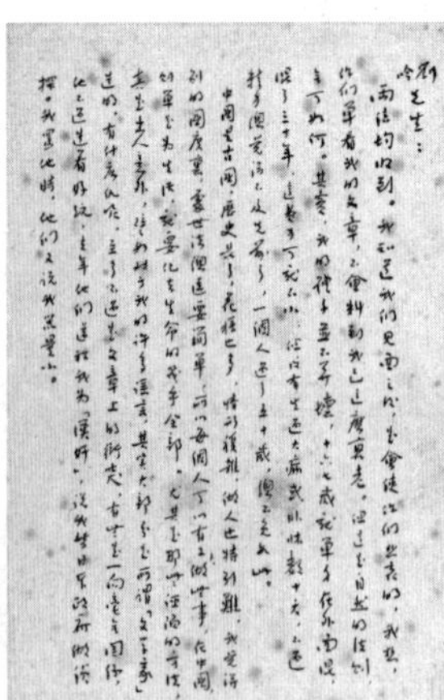

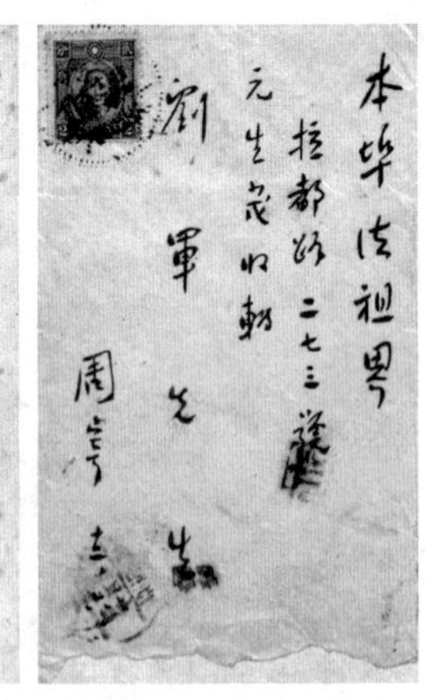

本埠法租界
拉都路二七三號
元生泰內轉
劉軍先生
周寄

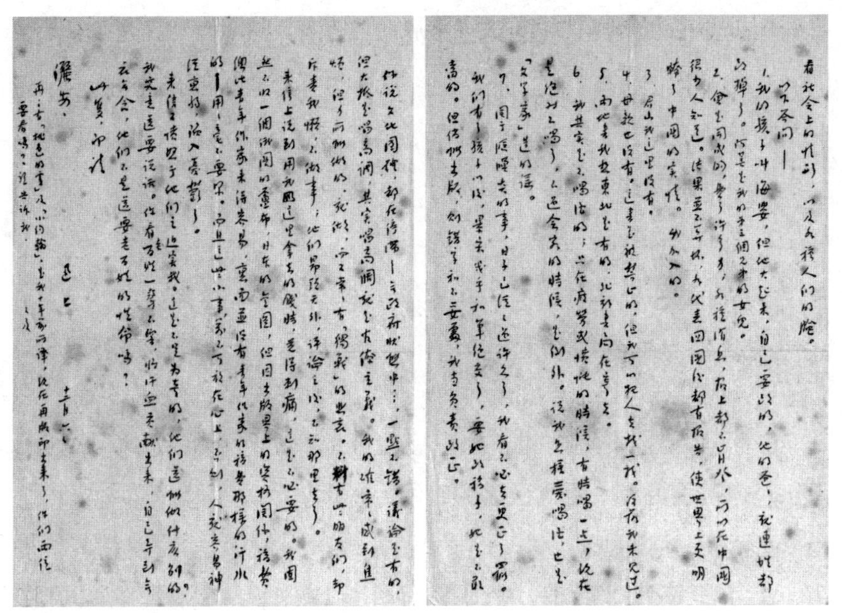

1934年12月6日致萧军、萧红（23.6cm×16.4cm）共4页

之意。

《两地书》其实并不像所谓“情书”，一者因为我们通信之初，实在并未有什么关于后来的豫料的；二则年龄，境遇，都已倾向了沈静方面，所以决不会显出什么热烈。冷静，在两人之间，是有缺点的，但打闹，也有弊病，不过，倘能立刻互相谅解，那也不妨。至于孩子，偶然看看是有趣的，但养起来，整天在一起，却真是麻烦得很。

你们目下不能工作，就是静不下，一个人离开故土，到一处生地方，还不发生关系，就是还没有在这土里下根，很容易有这一种情境。一个作者，离开本国后，即永不会写文章了，是常有的事。我到上海后，即做不出小说来，而上海这地方，真也不能叫人和他亲热。我看你们的现在的这种焦躁的心情，不可使它发展起来，最好是常到外面去走走，看看社会上的情形，以及各种人们的脸。

以下答问——

1. 我的孩子叫海婴，但他大起来，自己要改的，他的爸爸，就连姓都改掉了。阿菩是我的第三个兄弟的女儿。

2. 会是开成的，费了许多力；各种消息，报上都不肯登，所以在中国很少人知道。结果并不算坏，各代表回国后都有报告，使世界上更明瞭了中国的实情。我加入的。

3.《君山》我这里没有。

4.《母亲》也没有。这书是被禁止的，但我可以托人去找一找。《没落》我未见过。

5.《两地书》我想东北是有的，北新书局在寄去。

6. 我其实是不喝酒的；只在疲劳或愤慨的时候，有时喝一点，现在是绝对不喝了，不过会客的时候，是例外。说我怎样爱喝酒，也是“文学家”造的谣。

7. 关于脑膜炎的事，日子已经经过许久了，我看不必去更正了罢。

我们有了孩子以后，景宋几乎和笔绝交了，要她改稿子，她是不敢当的。但倘能出版，则错字和不妥处，我当负责改正。

你说文化团体，都在停滞——无政府状态中……一点不错。议论是有的，但大抵是唱高调，其实唱高调就是官僚主义。我的确常常感到焦烦，但力所能做的，就做，而又常常有“独战”的悲哀。不料有些朋友们，却斥责我懒，不做事；他们昂头天外，评论之后，不知那里去了。

来信上说到用我这里拿去的钱时，觉得刺痛，这是不必要的。我固然不收一个俄国的卢布，日本的金圆，但因出版界上的资格关系，稿费总比青年作家来得容易，里面并没有青年作家的稿费那样的汗水的——用用毫不要紧。而且这些小事，万不可放在心上，否则，人就容易神经衰弱，陷入忧郁了。

来信又愤怒于他们之迫害我。这是不足为奇的，他们还能做什么别的？我究竟还要说话。你看老百姓一声不响，将汗血贡献出来，自己弄到无衣无食，他们不是还要老百姓的性命吗？

此复，即请

俪安。

迅上　十二月六日

再：有《桃色的云》及《小约翰》，是我十年前所译，现在再版印出来了，你们两位要看吗？望告诉我。又及

刘、吟先生：

八夜信收到。我的病倒是好起来了，胃口已略开，大约可以渐渐恢复。童话两本，已托书店寄上，内附译文两本，大约你们两位也没有看过，顺便带上。《竖琴》上的序文，后来被检查官删掉了，这是初版，所以还有着。你看，他们连这几句话也不准我们说。

如果那边还有官力以外的报，那么，关于“脑膜炎”的话，用“文艺通信”的形式去说明，也是好的。为了这谣言，我记得我曾写过几十封正误信，化掉邮费两块多。

中华书局译世界文学的事，早已过去了，没有实行。其实，他们是本不想实行的，即使开首会译几部，也早已暗中定着某人包办，没有陌生人的份儿。现在蒋死了，说本想托蒋译，假如活着，也不会托他译的，因为一托他，真的译出来，岂不大糟？那时他们到我这里来打听靖华的通信地址，说要托他，我知道他们不过玩把戏，拒绝了。现在呢，所谓“世界文学名著”，简直不提了。

名人，阔人，商人……常常玩这一种把戏，开出一个大题目来，热闹热闹，以见他们之热心。未经世故的青年，不知底细，就常常上他们的当；碰顶子还是小事，有时简直连性命也会送掉，我就知道不少这种卖血的名人的姓名。我自己现在虽然说得好像深通世故，但近年就上了神州国光社的当，他们与我订立合同，托我找十二个人，各译苏联名作一种，出了几本，不要了，有合同也无用，我只好又磕头礼拜，各去回断，靖华住得远，不及回复，已经译成，只好我自己付

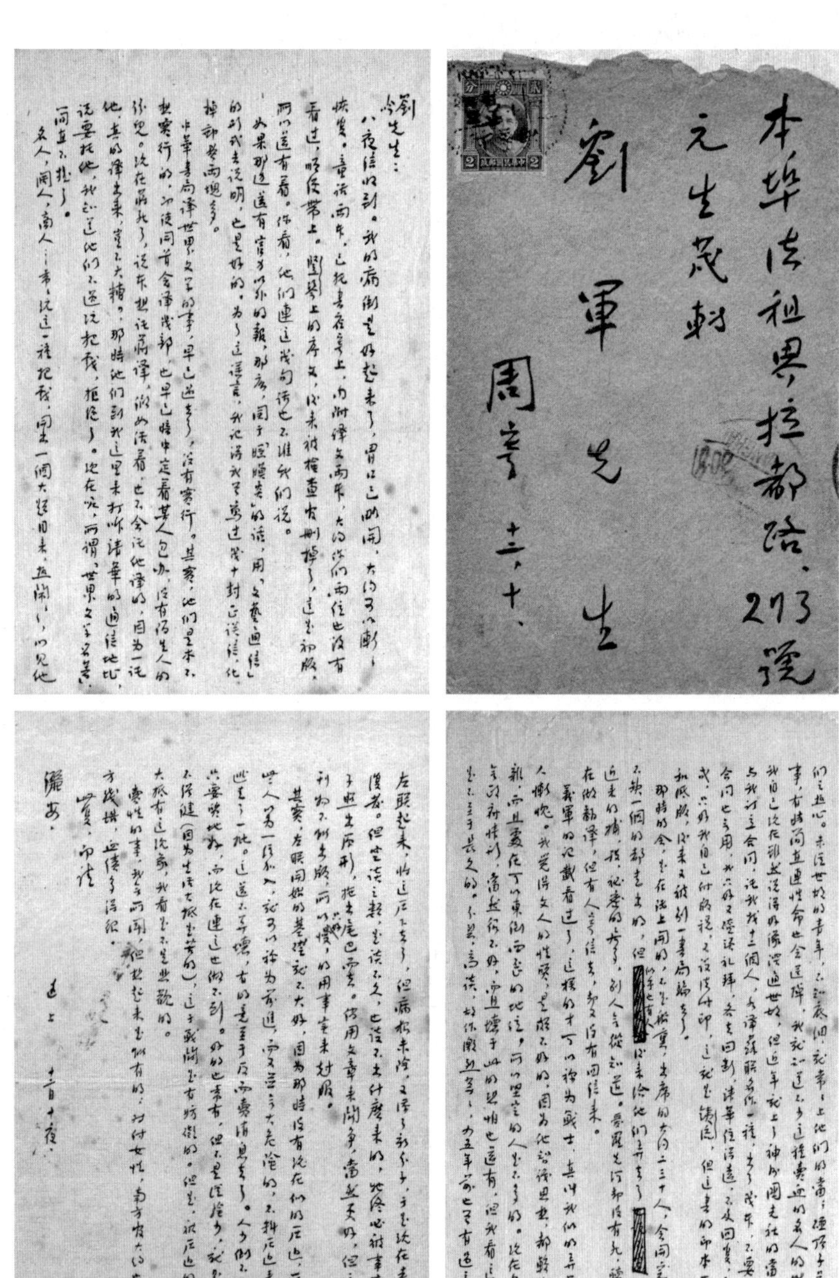

本埠法租界拉都路273号
元生茂转
刘军先生
周寄　十二、十、

刘先生：

八夜信收到。我的病倒是好起来了，胃口已经开，大约可以渐渐恢复。童话两本，已托书店寄上，内附译文两本，大约你们两位也没有看过，顺便带上。《竖琴》上的序文，后来被检查官删掉了，这是初版，所以还有着。你看，他们连这几句话也不准我们说。

如果那边还有官办以外的报，那么，关于《暧昧》的话，用《文艺画报》的形式来说明，也是好的。为了这译本，我记得我写过几十封信，化掉邮费两块多了。

中华书局译世界文学的事，早已过去了，没有实行。其实，他们是本不想实行的，不过同[illegible]会译我都也早已暗中定着某人包办，没有陌生人的份儿。现在局外了，说本想托他译，我如活着，也不会托他译的，因为一托他，真的译出来，岂不大糟。那时他们到我这里来打听萧华的通信地址，说要托他，我知道他们不过说说，托我，拒绝了。现在呢，所谓"世界文学名著"，何尝不托了。

名人，闲人，商人……常常说这一种把戏，[illegible]里一阵大话回来，盖开了，所以见他们之担心。来信世故的青年，不知底细，就常常上他们的当；便作了这些小事，有时简直连性命也会送掉。我就知道不少这种要迎合名人的姓名。我自己现在即好说得好像深通世故，但近年就上了神州国光社的当，他们与我订立合同，托我找十个人，各译苏联名作一种，去了我家，不要了，有合同也无用，我只好又赔译孔拜，各去回到，诸华经济，不久回复，已经译成，只好我自己付的稿，又没法付印，这就是铁流，但这书的印本一大半却纸版，后来又被别一书局骗去了。

那时的合，是在法上开的，不是秘密，出席的大约二三十人，会开完，人是不熟一个的都是来的，但■■以来给他们弄去了■■，因为这来的梢，我，秘密的办法了。别人全没知道。曼罗先生却没有九，听说是在做翻译，但有人写信去，都又没有回信来。

义军的记载看过了，这样的才可以称为战士，真叫我们的弄笔的人惭愧。我觉得文人的性质，是颇不好的，因为他智识思想，都较为复杂，而且处在可以东倒西歪的地位，所以坚定的人是不多的。现在文坛的分不开情形，当然很不好，而且坏于此的恐怕也还有，但我看这情形是不会长久的。分裂，高谈，故作激烈等等，四五年前也曾有过这现象，左联起来，将这些人弄下去了，但病根未除，又得了新分子，于是现在老病就复发。但空谈之类，是谈不久，也谈不出什么来的，它终必被事实的镜子照出原形，拖出尾巴而去。倘用文章来斗争，当然更好，但这种刊物不能出版，所以慢慢的用事实来克服。

其实，左联开始的基础就不大好，因为那时没有现在似的压迫，所以有些人以为一到左联，就可以称为前进，而又并无大危险的，不料压迫来了，就有些逃走了一批。这还不算坏，有的竟至于反而卖消息去了。人少倒不要紧，只要质地好，而现在连这也做不到。好的也有，但不是经验少，就是身体不强健（因为生活大抵是苦的），这于战斗是有妨碍的。但是，被压迫的时候，大抵有这现象，我看是不足悲观的。

卖性的事，我无所闻，但想起来是似有的，对付女性，南方官大约也比北方残酷，血债多得很。

此复，即请

俪安。

迅 上　十二月十夜。

1934年12月10日致萧军、萧红（24.1cm×16.4cm）共3页

版税，又设法付印，这就是《铁流》，但这书的印本一大半和纸版，后来又被别一书局骗去了。

那时的会，是在陆上开的，不是船里，出席的大约二三十人，会开完，人是不缺一个的都走出的，但似乎也有人后来给他们弄去了，因为近来的捕，杀，秘密的居多，别人无从知道。爱罗先珂却没有死，听说是在做翻译，但有人寄信去，却又没有回信来。

义军的记载看过了，这样的才可以称为战士，真叫我似的弄笔的人惭愧。我觉得文人的性质，是颇不好的，因为他智识思想，都较为复杂，而且处在可以东倒西歪的地位，所以坚定的人是不多的。现在文坛的无政府情形，当然很不好，而且坏于此的恐怕也还有，但我看这情形是不至于长久的。分裂，高谈，故作激烈等等，四五年前也曾有过这现象，左联起来，将这压下去了，但病根未除，又添了新分子，于是现在老病就复发。但空谈之类，是谈不久，也谈不出什么来的，它终必被事实的镜子照出原形，拖出尾巴而去。倘用文章来斗争，当然更好，但这种刊物不能出版，所以只好慢慢的用事实来克服。

其实，左联开始的基础就不大好，因为那时没有现在似的压迫，所以有些人以为一经加入，就可以称为前进，而又并无大危险的，不料压迫来了，就逃走了一批。这还不算坏，有的竟至于反而卖消息去了。人少倒不要紧，只要质地好，而现在连这也做不到。好的也常有，但不是经验少，就是身体不强健（因为生活大抵是苦的），这于战斗是有妨碍的。但是，被压迫的时候，大抵有这现象，我看是不足悲观的。

卖性的事，我无所闻，但想起来是能有的；对付女性，南方官大约也比北方残酷，血债多得很。

此复，即请

俪安。

迅上　十二月十夜

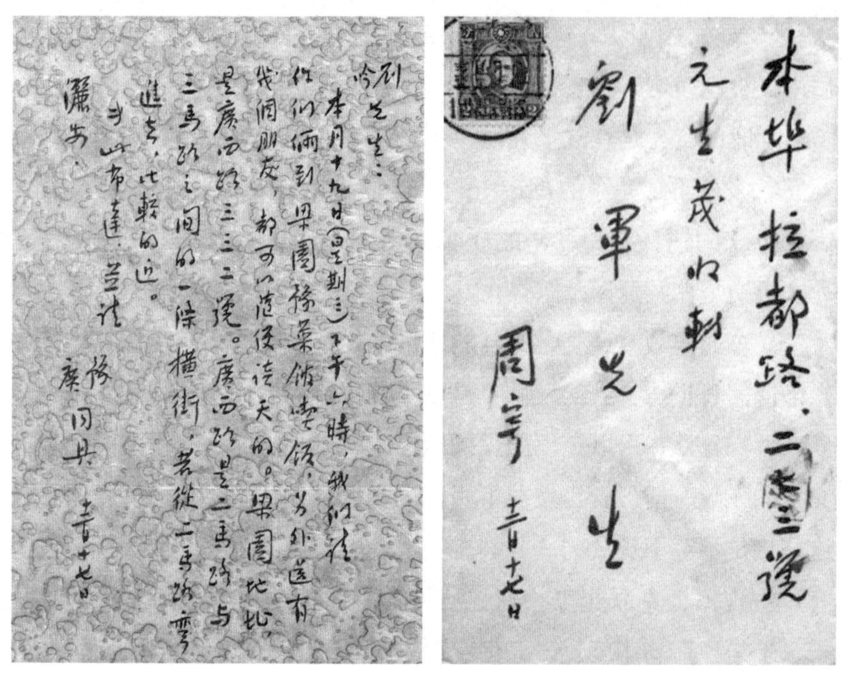

劉、吟先生：

本月十九日（星期三）下午六時，我們請你們倆到梁園豫菜館吃飯，另外還有幾個朋友，都可以隨便談天的。梁園地址，是廣西路三三二號。廣西路是二馬路與三馬路之間的一條橫街，若從二馬路彎進去，比較的近。

專此布達，並請

儷安。

豫、廣同具 十二月十七日



1934年12月17日致萧军、萧红（21cm×13.8cm）共1页

刘、吟先生：

本月十九日（星期三）下午六时，我们请你们俩到梁园豫菜馆吃饭，另外还有几个朋友，都可以随便谈天的。梁园地址，是广西路三三二号。广西路是二马路与三马路之间的一条横街，若从二马路弯进去，比较的近。

专此布达，并请

俪安。

豫、广同具　十二月十七日

刘、吟先生：

代表海婴，谢谢你们送的小木棒，这我也是第一次看见。但他对于我，确是一个小棒喝团员。他去年还问：“爸爸可以吃么？”我的答复是：“吃也可以吃，不过还是不吃罢。”今年就不再问，大约决定不

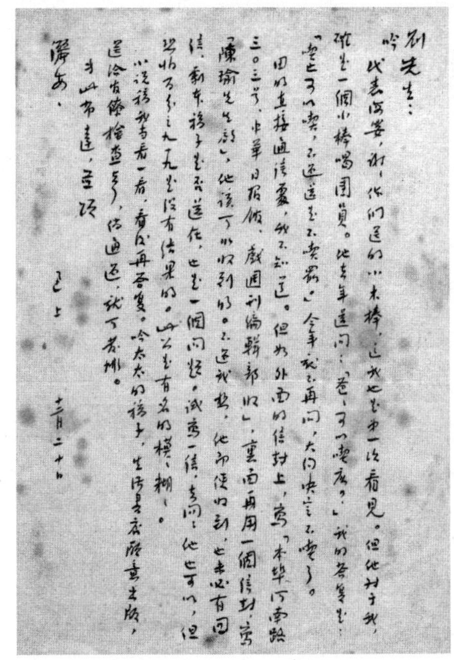

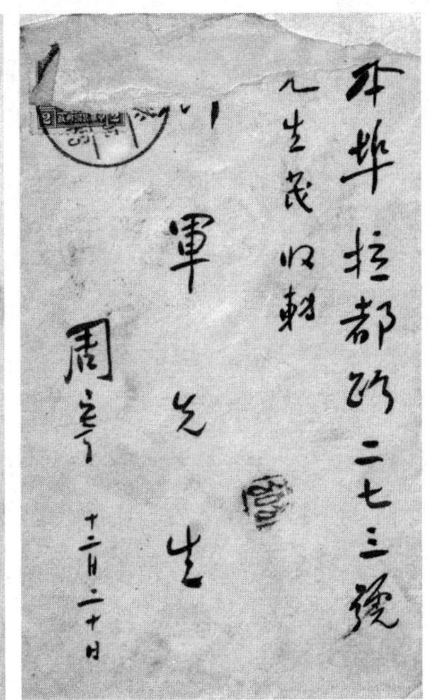

1934年12月20日致萧军、萧红（23.4cm×16.4cm）共1页

吃了。

田的直接通信处，我不知道。但如外面的信封上，写“本埠河南路三〇三号、中华日报馆、《戏》周刊编辑部收”，里面再用一个信封，写“陈瑜先生启”，他该可以收到的。不过我想，他即使收到，也未必有回信，剧本稿子是否还在，也是一个问题。试写一信，去问问他也可以，但恐怕百分之九十九是没有结果的。此公是有名的模模糊糊。

小说稿我当看一看，看后再答复。吟太太的稿子，生活书店愿意出版，送给官僚检查去了，倘通过，就可发排。

专此布达，并颂

俪安。

迅上　十二月二十日

刘、吟先生：

廿四日信收到，二十日信也收到的。我没有生病，只因为这几天忙一点，所以没有就写回信。

周女士她们所弄的戏剧组，我并不知道底细，但我看是没什么的，不打紧。不过此后所遇的人们多起来，彼此都难以明白真相，说话不如小心些，最好是多听人们说，自己少说话，要说，就多说些闲谈。

《准风月谈》尚未公开发卖，也不再公开，但他必要成为禁书。所谓上海的文学家们，也很有些可怕的，他们会因一点小利，要别人的性命。但自然是无聊的，并不可怕的居多，但却讨厌得很，恰如虱子跳蚤一样，常常会暗中咬你几个疙瘩，虽然不算大事，你总得搔一下了。这种人物，还是不和他们认识好。我最讨厌江南才子，扭扭捏捏，没有人气，不像人样，现在虽然大抵改穿洋服了，内容也并不两样。其实上海本地人倒并不坏的，只是各处坏种，多跑到上海来作恶，所以上海便成为下流之地了。

《母亲》久被禁止，这一部是托书坊里的伙计寻来的，不知道他是怎么一个线索。日前做了一篇随笔到文学社去卖钱，七千字，检查官给我删掉了四分之三，只剩一个脑袋，不值钱了。吟太太的小说，我想不至于此，如果删掉几段，那么，就任它删掉几段，第一步是只要印出来。

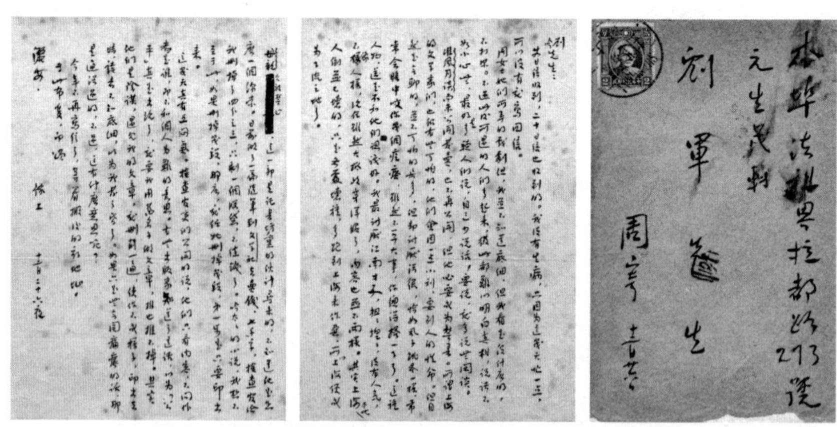

1934年12月26日致萧军、萧红（23.8cm×16.3cm）共2页

这几天真有点闷气。检查官吏们公开的说，他们只看内容，不问作者是谁，即不和个人为难的意思。有些出版家知道了这话，以为“公平”真是出现了，就要我用旧名子〔字〕做文章，推也推不掉。其实他们是阴谋，遇见我的文章，就删削一通，使你不成样子，印出去时，读者不知底细，以为我发了昏了。如果只是些无关痛痒的话，那是通得过的，不过，这有什么意思呢？

今年不再写信了，等着搬后的新地址。

专此布复，即颂

俪安。

豫上　十二月二十六日

刘、吟先生：

二日的信，四日收到了，知道已经搬了房子，好极好极，但搬来搬去，不出拉都路，正如我总在北四川路兜圈子一样。有大草地可看，在上海要算新年幸福，我生在乡下，住了北京，看惯广大的土地了，初到上海，真如被装进鸽子笼一样，两三年才习惯。新年三天，译了六千字童话，想不用难字，话也比较的容易懂，不料竟比做古文还难，每天弄到半夜，睡了还做乱梦，那里还会记得妈妈，跑到北平去呢？

删改文章的事，是必须给它发表开去的，但也犯不上制成锌板。他们的丑史多得很，他们那里有一点羞。怕羞，也不去干这样的勾当了，他们自已也并不当人看。

吟太太究竟是太太，观察没有咱们爷们的精确仔细。少说话或多说闲谈，怎么会是耗子躲猫的方法呢？我就没有见过猫整天的在咪咪的叫的，除了春天的或一时期之外。猫比老鼠还要沈默。春天又作别论，因为它们另有目的。平日，它总是静静的听着声音，伺机搏击，这是猛兽的方法。自然，它决不和耗子讲闲话的，但耗子也不和猫讲闲话。

本埠拉都路
福显坊(四一二)内二十二号前楼
刘军先生
周寄 一月四日

刘、吟先生：

二日的信，四日收到了，知道已经搬了房子，好极好极，但搬来搬去，不出拉都路，正如我们总在北四川路兜圈子一样。有大草地可看，在上海要算新年幸福，我生在乡下，住了北京，看惯广大的土地了，初到上海，真如被装进鸽子笼一样，两三年才习惯。新年三天，译了六千字童话，想不用难字，话也比较的容易懂，不料竟比做古文还难，每天弄到半夜，睡了还做乱梦，那里还会记得妈妈，跑到北平去呢？

删改文章的事，是必须给他发表而有的，但也犯不上制成锌板。他们的总是多得很，他们那里有一点羞。怕羞，也不去干这样的勾当了，他们自己也并不当人看。

吟太太究竟是太太，观察没有咱们爷们的精确仔细。少说话或多说闲谈，怎么会是耗子猫的方法呢？我就没有见过猫整天的在吃，的叫的，除了春天的或一时期之外。猫比老鼠还要沉默。春天之作别论，因为她们另有目的。平时，她总是静静的听着声音，伺机搏击，这是很聪明的方法。自然，她决不和耗子讲闲话的，但耗子也不和她讲闲话。

你两位见到的人，是不会怀疑我们的，就对我们偏袒的意思，我相信也没有。不过"太不留情面"的批评，是绝对的不足为训的。如果已经开始笔战了，为什么要留情面？留情面是中国文人最大的毛病。他以为自己笔下留情，将来失败了，敌人也会留情面。殊不知那时他是决不留情面的。做几句不痛不痒的文章，还是不做好。

而且现在的所谓批评家，对于"骂"字也用得非常之模胡。由我说起来，倘说良家女子是婊子，这是"骂"，说婊子是婊子，就不是骂。我指明了古今人的本相，或是婊子，或是叭儿，他们却真的是婊子或叭儿，所以也决不是"骂"。但论者却一概谓之"骂"，岂不哀哉。

至于检查者现在这副东西，是毫不足怪的，他们也只有这种东西。但想到所谓文学家者，原是应该自己会做文章的，他们却只会禁别人的文章，真不免好笑。但现在正是这样的时候，不是救国的非英雄，而卖国的倒是英雄吗？

考察上海一下，是很好的事，但我希望不去找相宜的同伴，只好还是自己看，好罢，大约逛逛一两回，是没有什么的。不过二人同城里却不宜去，那里狗多，有点样子不同的人去逛，是难免会注意的。

近来文字的压迫更严，就是文也几乎无处发表了。看看去年所作的东西，又有了被删和被禁的各一半，想在今年内印它出来，而新的文章，就不再做，这几年真也有点吃力了。近几时我想看看古书，再来做点什么书，把那些坏种的祖坟刨一下。

过了一年，孩子大了一岁，但我也大了一岁，这么下去，恐怕我就要打不过他，革命也就要临头了。这真是叫作怎么好。

专此布达，并请

俪安。

豫上 广平附笔问候 一月四日

1935年1月4日致萧军、萧红（23.8cm×16.3cm）共3页

你所遇见的人，是不会说我怎样坏的，敌对或侮蔑的意思，我相信也没有。不过“太不留情面”的批评是绝对的不足为训的。如果已经开始笔战了，为什么要留情面？留情面是中国文人最大的毛病。他以为自己笔下留情，将来失败了，敌人也会留情面。殊不知那时他是决不留情面的。做几句不痛不痒的文章，还是不做好。

而且现在的批评家，对于“骂”字也用得非常之模胡。由我说起来，倘说良家女子是婊子，这是“骂”，说婊子是婊子，就不是骂。我指明了有些人的本相，或是婊子，或是叭儿，它们却真的是婊子或叭儿，所以也决不是“骂”。但论者却一概谓之“骂”，岂不哀哉。

至于检查官现在这副本领，是毫不足怪的，他们也只有这种本领。但想到所谓文学家者，原是应该自己会做文章的，他们却只会禁别人的文章，真不免好笑。但现在正是这样的时候，不是救国的非英雄，而卖国的倒是英雄吗？

考察上海一下，是很好的事，但我举不出相宜的同伴，恐怕还是自己看看好罢，大约通过一两回，是没有什么的。不过工人区域里却不宜去，那里狗多，有点情形不同的人走过，恐怕它就会注意。

近来文字的压迫更严，短文也几乎无处发表了。看看去年所作的东西，又有了短评和杂论各一本，想在今年内印它出来，而新的文章，就不再做，这几年真也够吃力了。近几时我想看看古书，再来做点什么书，把那些坏种的祖坟刨一下。

过了一年，孩子大了一岁，但我也大了一岁，这么下去，恐怕我就要打不过他，革命也就要临头了。这真是叫作怎么好。

专此布达，并请

俪安。

迅上　广附笔问候　一月四日

刘、吟先生：

自己吃东西不小心，又生了几天病，现在又好了。两篇稿子早收

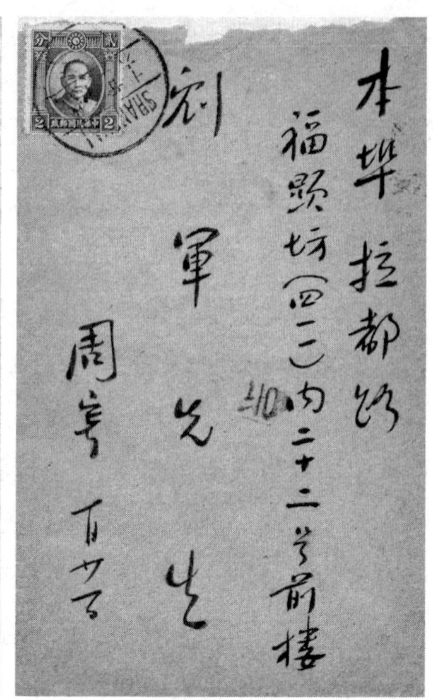


1935年1月21日致萧军、萧红（24.2cm×16.4cm）共1页

到，写得很好，白字错字也很少，我今天开始出外走走，想绍介到《文学》去，还有一篇，就拿到良友公司去试试罢。

前几天的病，也许是赶译童话的缘故，十天里译了四万多字，以现在的体力，好像不能支持了。但童话却已译成，这是流浪儿出身的Panterejev做的，很有趣，假如能够通过，就用在《译文》第二卷第一号（三月出版）上，否则，我自己印行。

现在搬了房子，又认识了几个人（叶这人是很好的），生活比较的可以不无聊了罢。

专此布达，即颂

时绥。

迅上　广也说问问您们俩的好。（一月廿一日）

“小伙计”比先前胖一点了，但也闹得真可以。

萧、吟两兄：

二十及二十四日信都收到了。运动原是很好的，但这是我在少年时候的事，现在怕难了。我是南边人，但我不会弄船，却能骑马，先前是每天总要跑它一两点钟的。然而自从升为“先生”以来，就再没有工夫干这些事，二十年前曾经试了一试，不过架式还在，不至于掉下去，或拔住马鬃而已。现在如果试起来，大约会跌死也难说了。

而且自从弄笔以来，有一种坏习气，就是一样事情开手，不做完就不舒服，也不能同时做两件事，所以每作一文，不写完就不放手，倘若一天弄不完，则必须做到没有力气了，才可以放下，但躺着也还要想到。生活就因此没有规则，而一有规则，即于译作有害，这是很难两全的。还有二层，一是琐事太多，忽而管家务，忽而陪同乡，忽而印书，忽而讨版税；二是著作太杂，忽而做序文，忽而作评论，忽而译外国文。脑子就永是乱七八糟，我恐怕不放笔，就无药可救。

所谓“还有一篇”，是指萧兄的一篇，但后来方法变换了，先都交给《文学》，看他们要那一篇，然后再将退回的向别处设法。但至今尚无回信。吟太太的小说送检查处后，亦尚无回信，我看这是和原稿的不容易看相关的，因为用复写纸写，看起来较为费力，他们便搁下了。

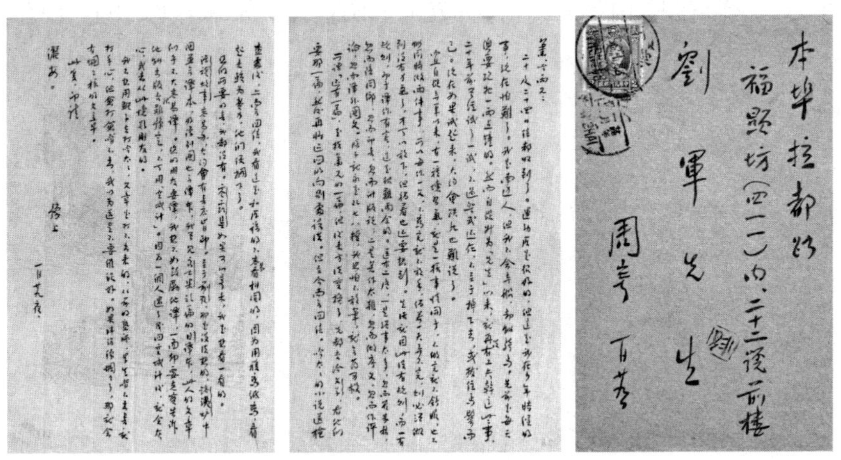


1935年1月29日致萧军、萧红（25.2cm×16.5cm）共2页

您们所要的书，我都没有。《零露集》如果可以寄来，我是想看一看的。

《滑稽故事》容易办，大约会有书店肯印。至于《前夜》，那是没法想的，《熔铁炉》中国并无译本，好像别国也无译本，我曾见良士果短篇的日译本，此人的文章似乎不大容易译。您的朋友要译，我想不如鼓励他译，一面却要老实告诉他能出版否很难豫定，不可用“空城计”。因为一个人遇了几回空城计后，就会灰心，或者从此怀疑朋友的。

我不想用鞭子去打吟太太，文章是打不出来的，从前的塾师，学生背不出书就打手心，但愈打愈背不出，我以为还是不要催促好。如果胖得像蝈蝈了，那就会有蝈蝈样的文章。

此复，即请

俪安。

豫上　一月廿九（日）夜

刘军、悄吟先生：

来信早收到；小说稿已看过了，都做得好的——不是客气话——充满着热情，和只玩些技巧的所谓“作家”的作品大两样。今天已将悄吟太太的那一篇寄给《太白》。余两篇让我想一想，择一个相宜的地方，文学社暂不能寄了，因为先前的两篇，我就寄给他们的，现在

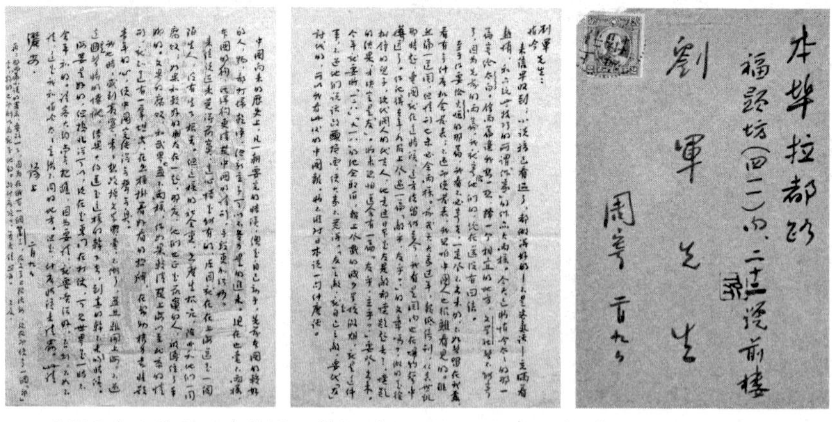
本埠拉都路
福顯坊(四二)六、二十二號後前楼
劉軍先生
周寄　二月九夕

1935年2月9日致萧军、萧红（25.1cm×16.5cm）共2页

还没有回信。

至于你要给《火炬》的那篇，我看不必寄去，一定登不出来的，不如暂留在我处，看有无什么机会发表；不过即使发表，我恐怕中国人也很难看见的。虽然隔一道关，但情形也未必会两样。前几天大家过年，报纸停刊，从袁世凯那时起，卖国就在这时候，这方法留传至今，我看是关内也在爆竹声中葬送了。你记得去年各报上登过一篇《敌乎，友乎?》的文章吗？做的是徐树铮的儿子，现代阔人的代言人，他竟连日本是友是敌都怀疑起来了，怀疑的结果，才决定是“友”。将来恐怕还会有一篇“友乎，主乎?”要登出来。今年就要将“一二八”“九一八”的纪念取消，报上登载的减少学校假期，就是这件事，不过他们说话改头换面，使大家不觉得。“友”之敌，就是自己之敌，要代“友”讨伐的，所以我看此后的中国报，将不准对日本说一句什么话。

中国向来的历史上，凡一朝要完的时候，总是自己动手，先前本国的较好的人、物，都打扫干净，给新主子可以不费力量的进来。现在也毫不两样，本国的狗，比洋狗更清楚中国的情形，手段更加巧妙。

来信说近来觉得落寞，这心情是能有的，原因就在在上海还是一个陌生人，没有生下根去。但这样的社会里，怎么生根呢？除非和他们一同腐败；如果和较好的朋友在一起，那么，他们也正是落寞的人，被缚住了手脚的。文界的腐败，和武界也并不两样，你如果较清楚上海以至北京的情形，就知道有一群蛆虫，在怎样挂着好看的招牌，在帮助权力者暗杀青年的心，使中国完结得无声无臭。

我也时时感到寂寞，常常想改掉文学买卖，不做了，并且离开上海。不过这是暂时的愤慨，结果大约还是这样的干下去，到真的干不来了的时候。

海婴是好的，但捣乱得可以，现在是专门在打仗，可见世界是一时不会平和的。请客大约尚无把握，因为要请，就要吃得好，否则，不如不请，这是我和悄吟太太主张不同的地方。但是，什么时候来请罢。

此请

俪安。

豫上　二月九日

再：那两篇小说的署名，要改一下，因为在俄有一个萧三，在文学上很活动，现在即使多一个“郎”字，狗们也即刻以为就是他的。改什么呢？等来信照办。又及。

刘军、悄吟兄：

一日信收到。我的选小说，昨夜交卷了，还欠一篇序，期限还宽，已约叶定一个日期，我们可以谈谈。他定出后，会来通知你们的。

悄吟太太的一个短篇，我寄给《太白》去了，回信说就可以登出来。那篇《搭客》，其实比《职业》做得好（活泼而不单调），上月送到《东方杂志》，还是托熟人拿去的，不久却就给我一封官式的信，

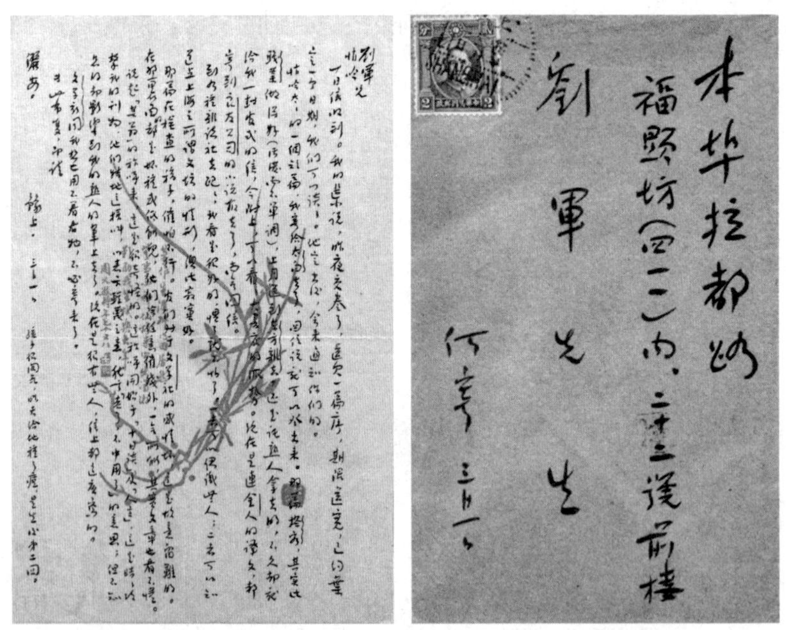


1935年3月1日致萧军、萧红（24.7cm×16.1cm）共1页

今附上，可以看看大书店的派势。现在是连金人的译文，都寄到良友公司的小说报去了，尚无回信。

到各种杂志社去跑跑，我看是很好的，惯了就不怕了。一者可以认识些人；二者可以知道点上海之所谓文坛的情形，总比寂寞好。

那篇在检查的稿子，催怕不行。官们对于文学社的感情坏，这是故意留难的。在那里面的都是坏种或低能儿，他们除任意催［摧］残外，一无所能，其实文章也看不懂。

说起“某翁”的称呼来，这是很奇怪的。这称呼开始于《十日谈》及《人言》，这是时时攻击我的刊物，他们特地这样叫，以表示轻蔑之意，犹言“老了，不中用了”的意思，但不知怎的却影响到我的熟人的笔上去了。现在是很有些人，信上都这么写的。

《文学新闻》我想也用不着看它，不必寄来了。

专此布复，即请

俪安。

豫上　三月一日

孩子很淘气，昨天给他种了痘，是生后第二回。

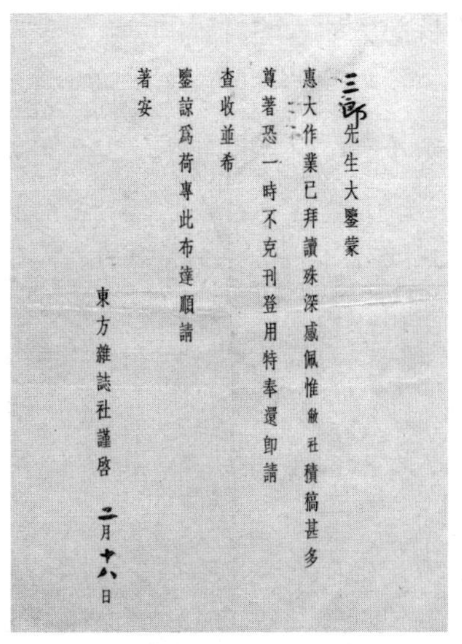

三郎先生大鑒蒙

惠大作業已拜讀殊深感佩惟敝社積稿甚多

尊著恐一時不克刊登用特奉還卽請

查收並希

鑒諒爲荷專此布達順請

著安

東方雜誌社謹啓　二月十八日

附1935年2月18日东方杂志社退稿信（25.5cm×15.4cm）共1页

附东方杂志社退稿信释文

三郎先生大鉴：

蒙惠大作，业已拜读，殊深感佩。惟敝社积稿甚多，尊著恐一时不克刊登用，特奉还。即请查收，并希鉴谅为荷。

专此布达，顺请

著安。

东方杂志社谨启　二月十八日

刘军、悄吟兄：

十日信十三才收到，不知道怎的这么慢。你所发见的两点，我看是对的；至于说我的话可对呢，我决不定。使我自己说起来，我大约是“姑息”的一方面，但我知道若在战斗的时候，非常有害，所以应该改正。不过这和“判断力”大有关系，力强，所做便不错，力一弱，即容易陷于怀疑，什么也不能做了。“父爱”也一样的，倘不加判断，一味从严，也可以冤死了好子弟。

所谓“野气”，大约即是指和上海一般人的言动不同之点，黄大约看惯了上海的“作家”，所以觉得你有些特别。其实，中国的人们，不但南北，每省也有些不同的；你大约还看不出江苏和浙江人的不同来，但江浙人自己能看出，我还能看出浙西人和浙东人的不同。普通大抵以和自己不同的人为古怪，这成见，必须跑过许多路，见过许多人，才能够消除。由我看来，大约北人爽直，而失之粗，南人文雅，而失之伪。粗自然比伪好。但习惯成自然，南边人总以像自己家乡那样的曲曲折折为合乎道理。你还没有见过所谓大家子弟，那真是要讨厌死人的。

这“野气”要不要故意改它呢？我看不要故意改。但如上海住得久了，受环境的影响，是略略会有些变化的，除非不和社会接触。但

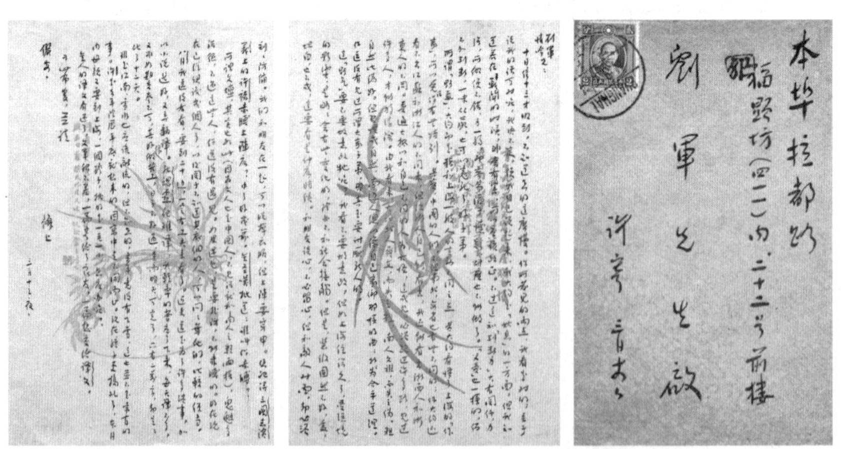

1935年3月13日致萧军、萧红（24.7cm×16.1cm）共2页

是，装假固然不好，处处坦白，也不成，这要看是什么时候。和朋友谈心，不必留心，但和敌人对面，却必须刻刻防备。我们和朋友在一起，可以脱掉衣服，但上阵要穿甲。您记得《三国志演义》上的许褚赤膊上阵么？中了好几箭。金圣叹批道：谁叫你赤膊？

所谓文坛，其实也如此（因为文人也是中国人，不见得就和商人之类两样），鬼魅多得很，不过这些人，你还没有遇见。如果遇见，是要提防，不能赤膊的。好在现在已经认识几个人了，以后关于不知道其底细的人，可以问问叶他们，比较的便当。

《八月》我还没有看，要到二十边，一定有工夫来看了。近来还是为了许多琐事，加以小说选好，又弄翻译。《死魂灵》很难译，我轻率的答应了下来，每天译不多，又非如期交卷不可，真好像做苦工，日子不好过，幸而明天可完了，只有二万字，却足足化了十二天。

虽是江南，雪水也应该融流的，但不知怎的，去年竟没有下雪，这也并不是常有的事。许是去年阴历年底就想来的，因寓中走不开而止。现在孩子更捣乱了，本月内母亲又要到上海，一个担子，挑的是一老一小，怎么办呢？

金人的译文看过了，文笔很不差，一篇寄给了良友，一篇想交给《译文》。

专此布复，并请

俪安。

豫上　三月十三（日）夜

刘军、悄吟兄：

十六日信早收到。今年北四川路是流行感冒特别的多，从上星期以来，寓中不病的只有许一个人了，但她今天说没有气力；我最先病，但也最先好，今天是同平常一样了。

帮朋友的忙，帮到后来，只忙了自己，这是常常要遇到的。您的朋友既入大学，必是智识分子，那他一定有道理，如“情面说”之

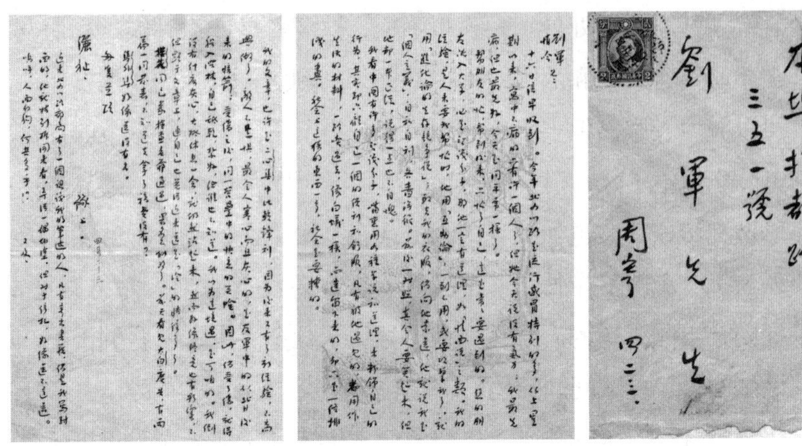


1935年4月23日致萧军、萧红（25.1cm×16.5cm）共2页

类。我的经验，是人来要我帮忙时，他用“互助论”，一到不用，或要攻击我了，就用“进化论的生存竞争说”；取去我的衣服，倘向他索还，他就说我是“个人主义”，自私自利，吝啬得很。前后一对照，真令人要笑起来，但他却一本正经，说得一点也不自愧。

我看中国有许多智识分子，嘴里用各种学说和道理，来粉饰自己的行为，其实却只顾自己一个的便利和舒服，凡有被他遇见的，都用作生活的材料，一路吃过去，像白蚁一样，而遗留下来的，却只是一条排泄的粪。社会上这样的东西一多，社会是要糟的。

我的文章，也许是《二心集》中比较锋利，因为后来又有了新经验，不高兴做了。敌人不足惧，最令人寒心而且灰心的，是友军中的从背后来的暗箭；受伤之后，同一营垒中的快意的笑脸。因此，倘受了伤，就得躲入深林，自己舐干，扎好，给谁也不知道。我以为这境遇，是可怕的。我倒没有什么灰心，大抵休息一会，就仍然站起来，然而好像终竟也有影响，不但显于文章上，连自己也觉得近来还是“冷”的时候多了。

《樱花》闻已蒙检查老爷通过，署名不能改了。前天看见《太白》广告，有两篇一同发表，不知道去拿了稿费没有？

《集外集》好像还没有出。

匆复，并颂

俪祉。

豫上　[四月二十三日]

近来北四川路邮局有了一个认识我的笔迹的人，凡有寄出书籍，倘是我写封面的，他就特别拆开来看，弄得一塌胡涂，但对于信札，好像还不这还［样］。呜呼，人面的狗，何其多乎，又及。

刘军兄
悄吟太太 尊前（这两个字很少用，但因为有太太在内，所以特别客气。）

十九日晨信收到。“麦”字是没有草头的。

《译文》还想继续出，但不能急。《死魂灵》的序文昨天刚译完，有一万五千字，第一部全完了。下月起，译第二部。

现在在开始还信债，信写完，须两三天，此后也还有别的事，天下之事，是做不完的。但我们确也太久不见了，在最近期内，最好是

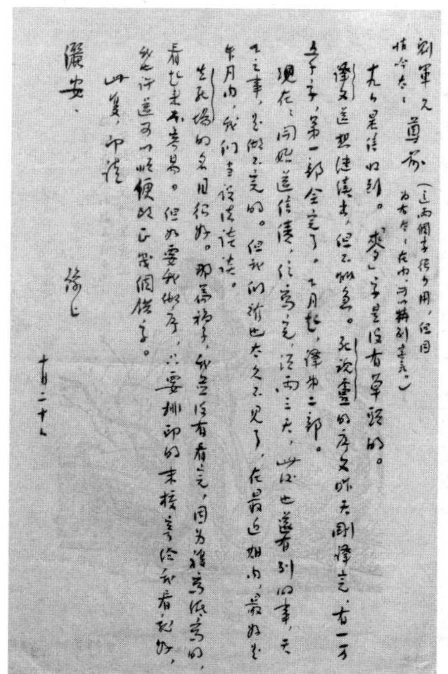

刘军兄
悄吟太太 尊前（这两个字很少用，但因为有太太在内，所以特别客气。）

十九日晨信收到。“麦”字是没有草头的。

《译文》还想继续出，但不能急。《死魂灵》的序文昨天刚译完，有一万五千字，第一部全完了。下月起，译第二部。

现在在开始还信债，信写完，须两三天，此后也还有别的事，天下之事，是做不完的。但我们确也太久不见了，在最近期内，最好是……

《生死场》的名目很好。那篇稿子，我并没有看完，因为复写纸写的，看起来不容易。但如要我做序，只要排印的末校寄给我看就好，我也许写几句，便改正几个错字。

此复，即请

俪安。

豫上　十月二十日

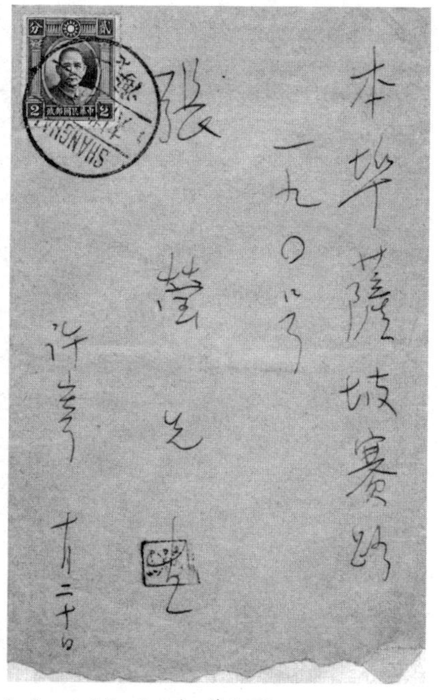


1935年10月20日致萧军、萧红（25.1cm×16.4cm）共1页

本月内，我们当设法谈谈。

《生死场》的名目很好。那篇稿子，我并没有看完，因为复写纸写的，看起来不容易。但如要我做序，只要排印的末校寄给我看就好，我也许还可以顺便改正几个错字。

此复，即请

俪安。

豫上　十月二十日

刘兄、悄吟太太：

我想在礼拜三（十一月六日）下午五点钟，在书店等候，您们俩先去逛公园之后，然后到店里来，同到我的寓里吃夜饭。

专此，即祝

俪祉。

豫上　十一月四日

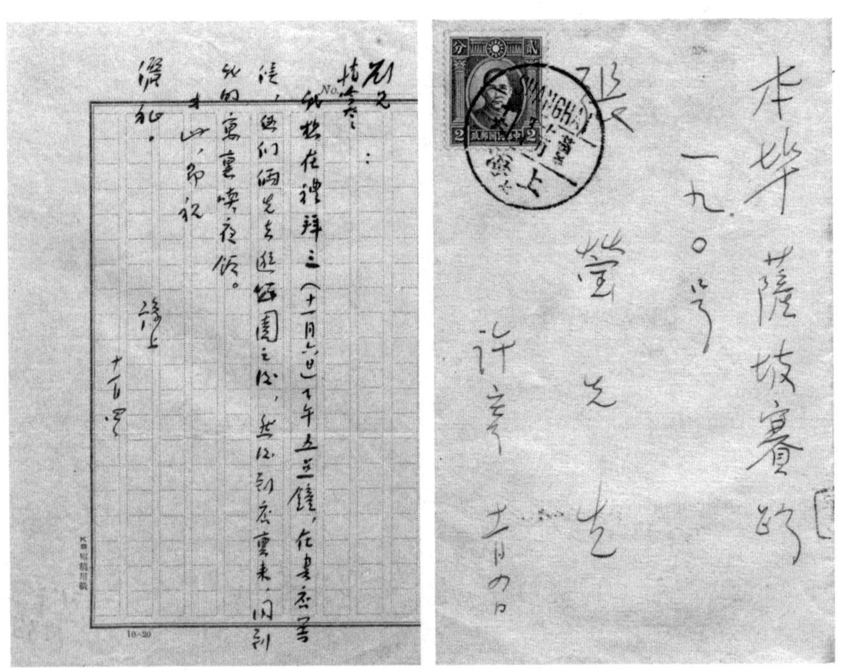

刘兄
悄吟太太：
我想在礼拜三（十一月六日）下午五点钟，在书店等候，您们俩先去逛公园之后，然后到店里来，同到我的寓里吃夜饭。
专此，即祝
俪祉。
豫上
十一月四日

本埠萨坡赛路一九〇号
张莹先生
许寄 十一月四日

1935年11月4日致萧军、萧红（19.3cm×13cm）共1页

刘军兄及其悄吟太太：

十六日信当天收到，真快。没有了家，暂且漂流一下罢，将来不要忘记。二十四年前，太大度了，受了所谓“文明”这两个字的骗。到将来，也会有人道主义者来反对报复的罢，我憎恶他们。

校出了几个错字，为什么这么吃惊？我曾经做过杂志的校对，经验也比较的多，能校是当然的，但因为看得太快，也许还有错字。

印刷所也太会恼怒，其实，圈点不该在顶上，是他们应该知道，自动的改正的。他们必须遇见厉害的商人，这才和和气气。我自己印书，没有一回不吃他们的亏。

那序文上，有一句“叙事写景，胜于描写人物”，也并不是好话，也可以解作描写人物并不怎么好。因为做序文，也要顾及销路，所以只得说的弯曲一点。至于老王婆，我却不觉得怎么鬼气，这样的人物，南方的乡下也常有的。安特列夫的小说，还要写得怕人，我那《药》的末一段，就有些他的影响，比王婆鬼气。

我不大希罕亲笔签名制版之类，觉得这有些孩子气，不过悄吟太太既然热心于此，就写了附上，写得太大，制版时可以缩小的。这位太太，到上海以后，好像体格高了一点，两条辫子也长了一点了，然而孩子气不改，真是无可奈何。

这几天四近逃得一塌胡涂。铺子没有生意，也大有关门之势。孩

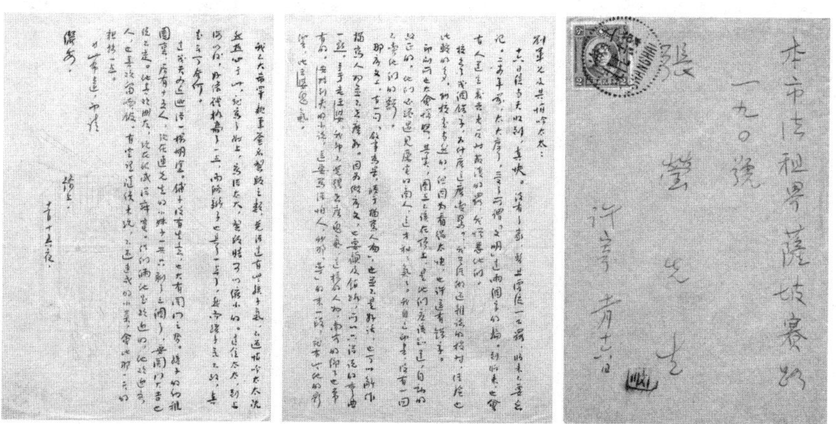

1935年11月16日致萧军、萧红（25.1cm×16.5cm）共2页

子的幼稚园里，原有十五人，现在连先生的小妹子一共只剩了三个了，要关门大吉也说不定。他喜欢朋友，现在很感得寂寞。你们俩他是欢迎的，他欢迎客人，也喜欢留吃饭。有空望随便来玩，不过速成的小菜，会比那一天的粗拙一点。

专此布达，即请

俪安。

豫上　十一月十六（日）夜

## 3. 鲁迅致萧军信

萧军先生：

给我的信是收到的。徐玉诺的名字我很熟，但好像没有见过他，因为他是做诗的，我却不留心诗，所以未必会见面。现在久不见他的作品，不知道那里去了？

来信的两个问题的答复——

一、不必问现在要什么，只要问自己能做什么。现在需要的是斗争的文学，如果作者是一个斗争者，那么，无论他写什么，写出来的东西一定是斗争的。就是写咖啡馆跳舞场罢，少爷们和革命者的作

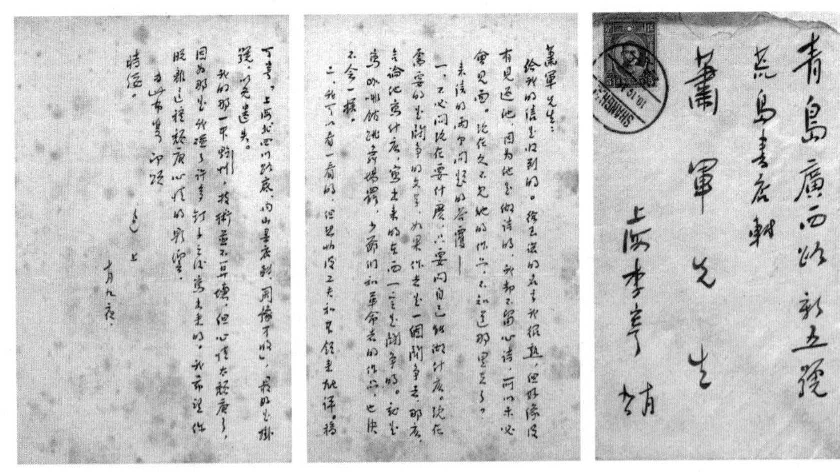

1934年10月9日致萧军（24.2cm×16.5cm）共2页

品，也决不会一样。

二、我可以看一看的，但恐怕没工夫和本领来批评。稿可寄“上海、北四川路底、内山书店转、周豫才收”，最好是挂号，以免遗失。

我的那一本《野草》，技术并不算坏，但心情太颓唐了，因为那是我碰了许多钉子之后写出来的。我希望你脱离这种颓唐心情的影响。

专此布复，即颂

时绥。

迅上　十月九（日）夜

刘先生：

来信当天收到。先前的信，书本，稿子，也都收到的，并无遗失，我看没有人截去。

见面的事，我以为可以从缓，因为布置约会的种种事，颇为麻烦，待到有必要时再说罢。

专此布复，即颂

时绥。

迅上　十一月三日

令夫人均此致候。

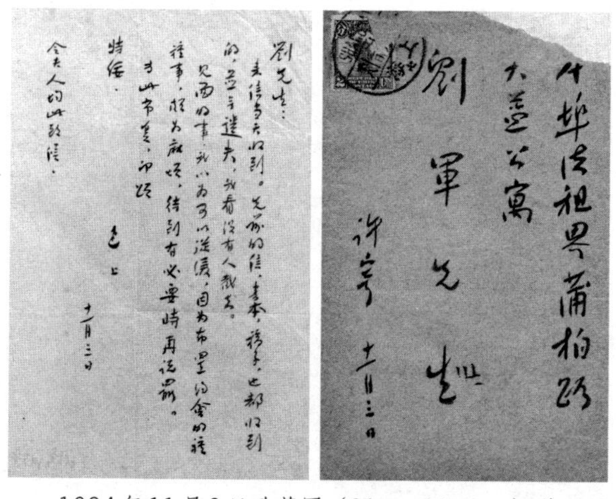

刘先生：

来信当天收到。先前的信，书本，稿子，也都收到的，并无遗失，我看没有人截去。

见面的事，我以为可以从缓，因为布置约会的种种事，颇为麻烦，待到有必要时再说罢。

专此布复，即颂

时绥。

迅上

十一月三日

令夫人均此致候。

1934年11月3日致萧军（21cm×13.9cm）共1页

刘先生：

四日信收到。我也听说东三省的报上，说我生了脑膜炎，医生叫我十年不要写作。其实如果生了脑膜炎，十中九死，即不死，也大抵成为白痴，虽生犹死了。这信息是从上海去的，完全是上海的所谓“文学家”造出来的谣言。它给我的损失，是远处的朋友忧愁不算外，使我写了几十封更正信。

上海有一批“文学家”，阴险得很，非小心不可。

你们如在上海日子多，我想我们是有看见的机会的。

专复，即颂

时绥。

迅上　十一月五（日）夜

吟女士均此不另。

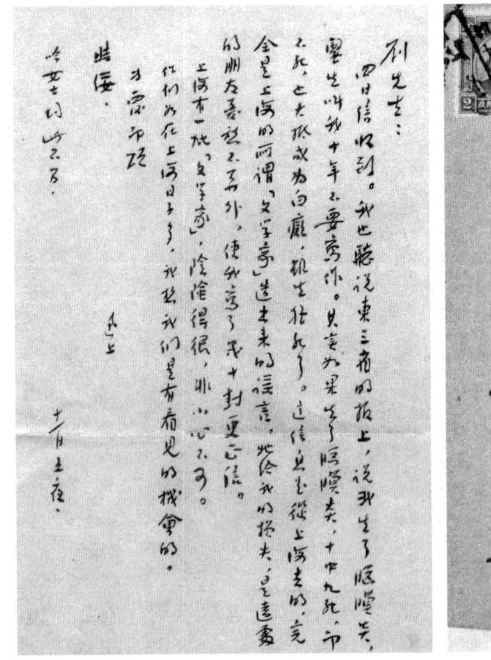

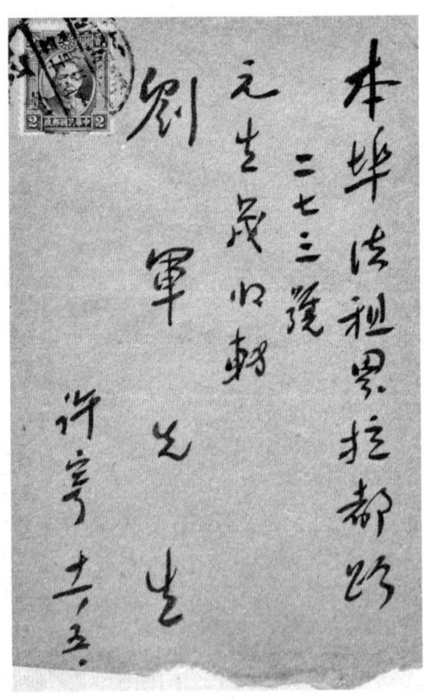

1934年11月5日致萧军（21cm×13.9cm）共1页

刘先生：

十，十一两信俱收到。印书的事，我现在不能答复，因为还没有探听，计划过。

地图在内山书店没有寄卖，因为这是海关禁止入口，一看见就没收的。

此复，即颂

时绥。

豫上　二，一二

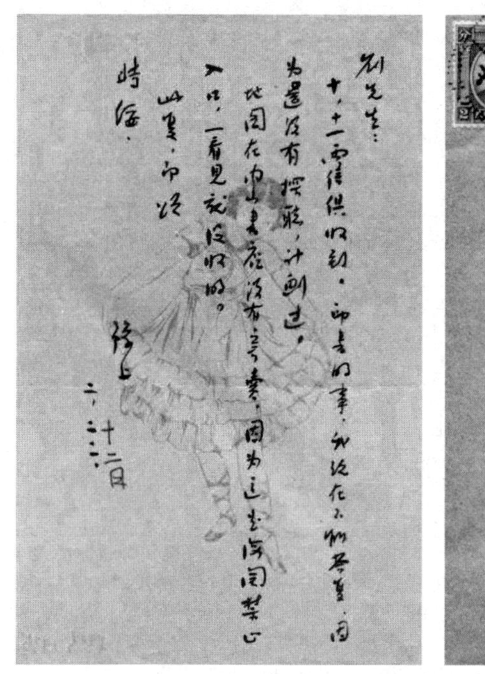
刘先生：
十，十一两信俱收到。印书的事，我现在不能答复，因为还没有探听，计划过。
地图在内山书店没有寄卖，因为这是海关禁止入口，一看见就没收的。
此复，即颂
时绥。
豫上
二，十二日

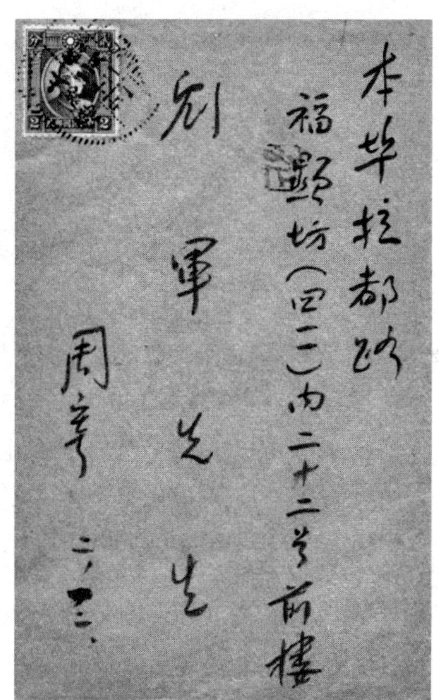
本埠拉都路
福显坊（四二）内二十二号前楼
刘军先生
周寄
二，十二

1935年2月12日致萧军（24.8cm×16cm）共1页

萧军兄：

十八日信收到。那一篇译稿，是很流畅的，不过这故事先就是流畅的故事，不及上一回的那篇沈闷。那一篇我已经寄给《译文》了。

这回孩子给沸水烫伤，其实倒是太阔气了的缘故，并非没有人管，是有人而不管他。寓里原有一个管领他的老妈子，她这几天因为

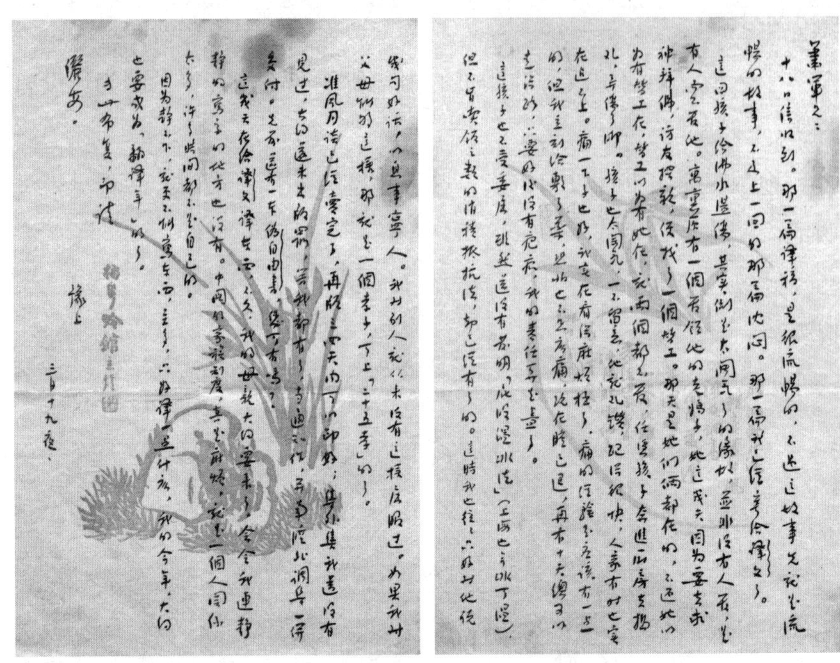

1935年3月19日致萧军（24.5cm×16.1cm）共2页

要去求神拜佛，访友探亲，便找了一个替工。那天是她们俩都在的，不过她以为有替工在，替工以为有她在，就两个都不管，任凭孩子奔进厨房去捣乱，弄伤了脚。孩子也太淘气，一不留意，他就乱钻，跑得很快，人家有时也实在追不上。痛一下子也好，我实在看得麻烦极了，痛的经验是应该有一点的，但我立刻给敷了药，恐怕也不怎么痛，现在肿已退，再有十天总可以走得路，只要好后没有疤痕，我的责任算是尽了。

这孩子也不受委屈，虽然还没有发明“屁股温冰法”（上海也无冰可温），但不肯吃饭之类的消极抵抗法，却已经有了的。这时我也往往只好对他说几句好话，以息事宁人。我对别人就从来没有这样屈服过。如果我对父母能够这样，那就是一个孝子，可上“二十五孝”的了。

《准风月谈》已经卖完了，再版三四天内可以印好；《集外集》我还没有见过，大约还未出版罢，等我都有了，当通知你，并《南腔北调集》一并交付。先前还有一本《伪自由书》，您可有吗？

这几天在给《译文》译东西，不久，我的母亲大约要来了，会令我连静静的写字的地方也没有。中国的家族制度，真是麻烦，就是一个人关系太多，许多时间都不是自己的。

因为静不下，就更不能写东西，至多，只好译一点什么，我的今年，大约也要成为“翻译年”的了。

专此布复，即请

俪安。

豫上　三月十九（日）夜

刘军兄：

二十三日信收到。漫画上面，我看是可以不必再添什么，因为单看计划，就已经够复杂，够吃力了，如果再加别的，也许会担不动。

孩子的烫伤已好，可以走了，不过痂皮还没有脱，所以不许他多

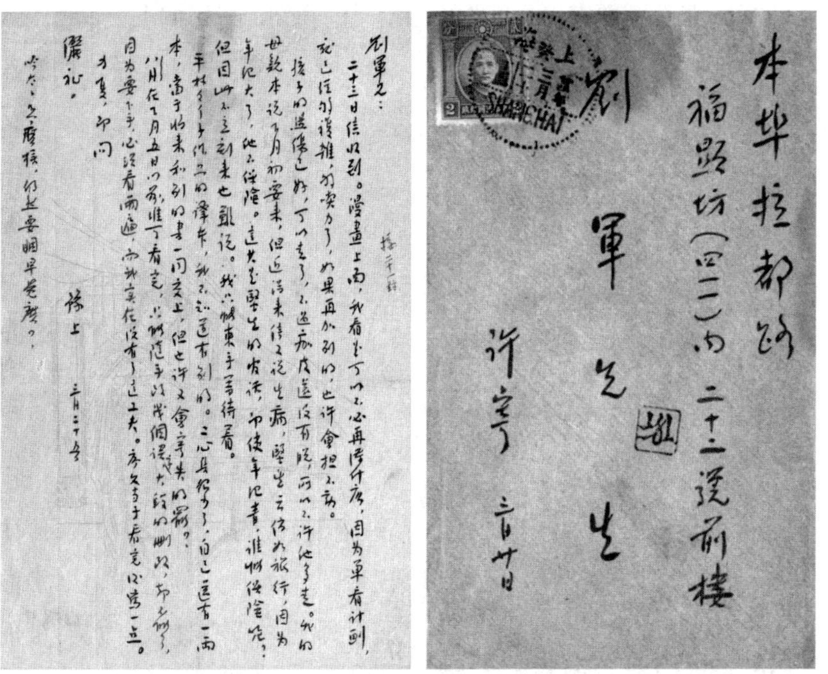
劉軍兄：
二十三日信收到。漫畫上面，我看是可以不必再添什麼，因為單看計劃，就已經夠複雜，夠吃力了，如果再加別的，也許會擔不動。
孩子的燙傷已好，可以走了，不過痂皮還沒有脫，所以不許他多走。我的母親本說下月初要來，但近得來信，又說生病，[illegible]，因為年紀大了，總不保險。[illegible]，而使年紀青，誰能保險呢？但因此不至到來也難說。我只好束手等待着。
平林たい子作品的譯本，我不認識[illegible]。二心集[illegible]，自己還有一兩本，當尋出來和別的書一同交上，但也許又會尋失的罷？
[illegible]
此复，即問
儷祉。
豫上　三月二十五日
吟太太均此致候，仍然要睡早覺麼？



1935年3月25日致萧军（25.1cm×16.5cm）共1页

走。我的母亲本说下月初要来，但近得来信又说生病，医生云倘如旅行，因为年纪大了，他不保险。这其［实］是医生的官话，即使年纪青，谁能保险呢？但因此不立刻来也难说。我只能束手等待着。

平林タイ子作品的译本，我不知道有别的。《二心集》很少了，自己还有一两本，当于将来和别的书一同交上，但也许又会寄失的罢？

《八月》在下月五日以前，准可看完，只能随手改几个误字，大段的删改，却不能了，因为要下手，必须看两遍，而我实在没有了这工夫。序文当于看完后写一点。

专复，即问

俪祉。

豫上　三月二十五日

吟太太怎么样，仍然要困早觉么？

这一张信刚要寄出，就收到搬房子的通知，只好搁下。现在《八月》已看完，序也做好，且放在这里，待得来信后再说。今晚又看了一看《涓涓》，虽然不知道结末怎样，但我以为是可以做他完的，不过仍不能公开发卖。那第三章《父亲》，有些地方写得太露骨，头绪也太纷繁，要修改一下才好。

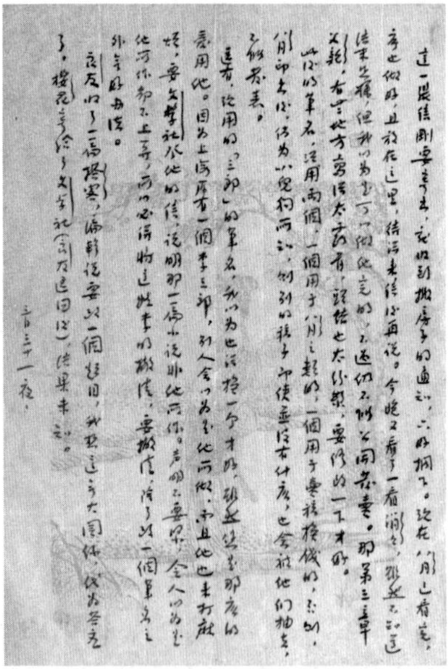
這一張信剛要寄出，就收到搬房子的通知，只好擱下。現在《八月》已看完，序也做好，且放在這里，待得來信後再說。今晚又看了一看《涓涓》，雖然不知道結末怎樣，但我以為是可以做他完的，不過仍不能公開發賣。那第三章《父親》，有些地方寫得太露骨，頭緒也太紛繁，要修改一下才好。
此後的筆名，須用兩個，一個用于《八月》之類的，一個用于賣稿換錢的，否則，《八月》印出後，倘為叭兒狗所知，則別的稿子即使並沒有什麼，也會被他們抽去，不能發表。
還有，你用的「三郎」的筆名，我以為也得換一個才好，雖然……
三月三十一夜。

1935年3月31日致萧军（25.1cm×16.5cm）共1页

此后的笔名，须用两个，一个用于《八月》之类的，一个用于卖稿换钱的，否则，《八月》印出后，倘为叭儿狗所知，则别的稿子即使并没有什么，也会被他们抽去，不能发表。

还有，现用的“三郎”的笔名，我以为也得换一个才好，虽然您是那么的爱用他。因为上海原有一个李三郎，别人会以为是他所做，而且他也来打麻烦，要文学社登他的信，说明那一篇小说非他所作。声明不要紧，令人以为是他所作却不上算，所以必得将这姓李的撇清，要撇清，除了改一个笔名之外无好办法。

良友收了一篇《搭客》，编辑说要改一个题目，我想这无大关系，代为答应了。《樱花》寄给了文学社（良友退回后），结果未知。

三月三十一［日］夜

金人的稿子已看过，译笔是好的，至于有无误译，我不知道，但看来不至于。这种滑稽短篇，只可以偶然投稿一两回，倘接续的投，却不大相宜。我看不如索性选译他四五十篇，十万字左右，出一本单行本。这种作品，大约审查时不会有问题，书店也乐于出版的，译文社恐怕就肯接受。

至于他说我的小说有些近于左，那是不确的，我的作品比较的严肃，不及他的快活。

《退伍》的作者 Novikov-Priboi 是现在极有名的作家，他原是水兵，参加日俄之战，曾做了俘虏，关在日本多时——这时我正在东京留学。新近做了两大本小说，叫作《对马》（Tsusima，岛名），就是以那时战争为材料的，也因此得名。日本早译出了，名《日本海海战》，但因为删节之处太多（大约是说日本

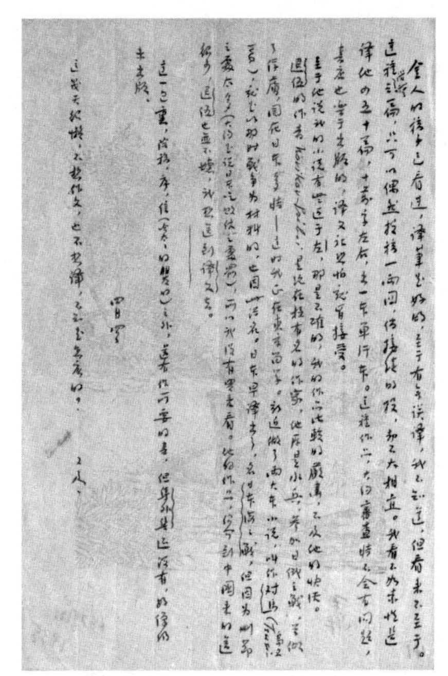

1935年4月4日致萧军（25.1cm×16.5cm）共1页

吃败仗之处罢），所以我没有买来看。他的作品，绍介到中国来的还很少，《退伍》也并不坏，我想送到《译文》去。

---

这一包里，除稿，序，信（吟太太的朋友的）之外，还有你所要的书，但《集外集》还没有，好像仍未出版。

四月四日

这几天很懒，不想作文，也不想译，不知是怎么的？又及。

刘军兄：

二日信收到。内云“同一条路，只是门牌改了号数”，这回是没有什么“里”的么？那么，莫非屋子是临街的？

还有较详的信，怕寄失，所以先问一问，望即回信。

豫上　四月二［日］夜

《八月》已看过，序已作好。

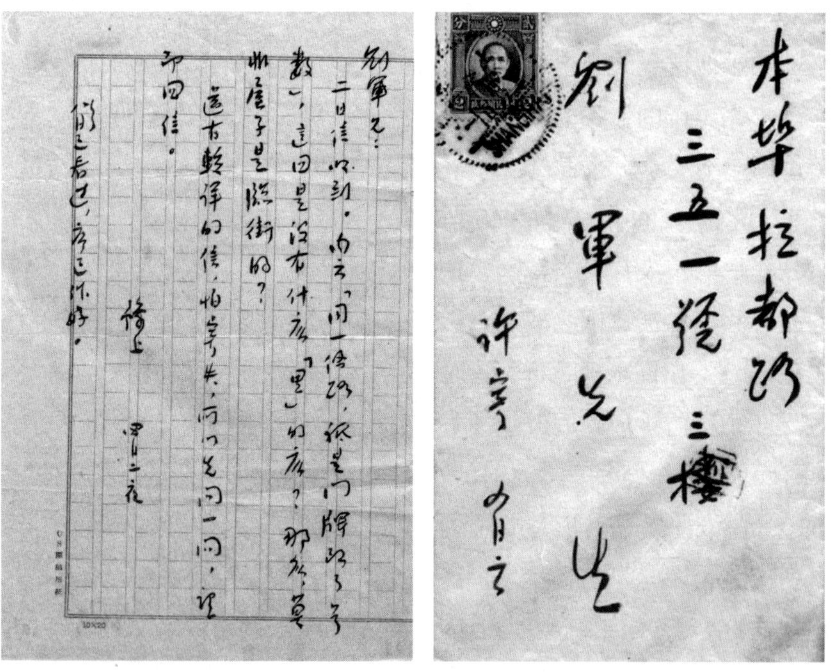

劉軍兄：

二日信收到。內云「同一條路，祇是門牌改了号數」，這回是沒有什麽「里」的麽？那麽，莫非屋子是臨街的？

還有較詳的信，怕寄失，所以先問一問，望即回信。

豫上　四月二夜

《八月》已看過，序已作好。



1935年4月2日致萧军（22.5cm×15.1cm）共1页

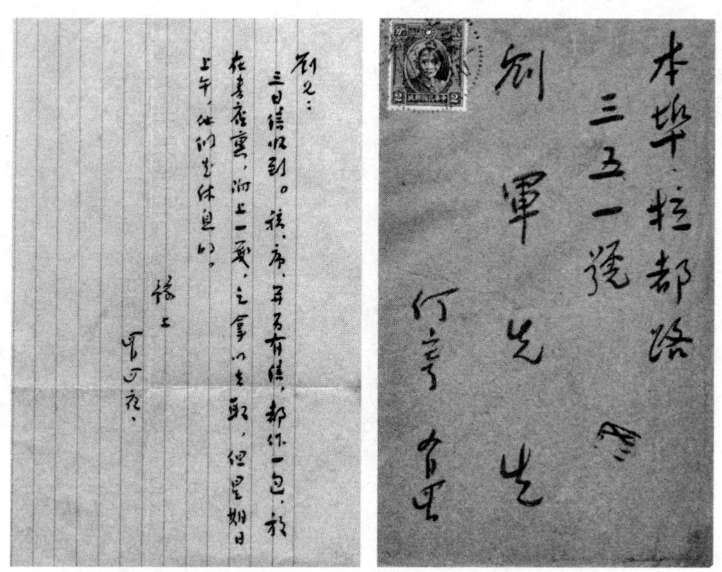
刘兄：
三日信收到。稿、序、并另有信，都作一包，放在书店里，附上一笺，乞拿以去取，但星期日上午，他们是休息的。
豫上
四月四夜。

本埠拉都路
三五一號
劉軍先生

1935年4月4日致萧军（20.8cm×13.8cm）共1页

刘兄：

三日信收到。稿、序、并另有信，都作一包，放在书店里，附上一笺，乞拿以去取，但星期日上午，他们是休息的。

豫上　四月四［日］夜

刘军兄：

七日信早到；我们常想来看你们，孩子的脚也好了，但结果总是我打发了许多琐事之后，就没有力气，一天一天的拖，到后来，又不过是写信。

《二心集》中的那一篇，是针对那时的弊病而发的，但这些老病，现在并没有好，而且我有时还觉得加重了。现在是连说这些话的意思，我也没有了，真是倒退得可以。

我的原稿的境遇，许知道了似乎有点悲哀；我是满足的，居然还可以包油条，可见还有一些用处。我自己是在擦桌子的，因为我用的是中国纸，比洋纸能吸水。

金人译的左士陈阔的小短篇，打听了几处，似乎不大欢迎，那

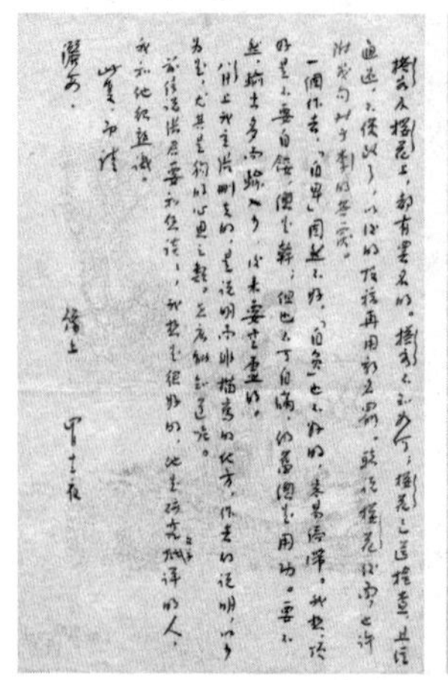
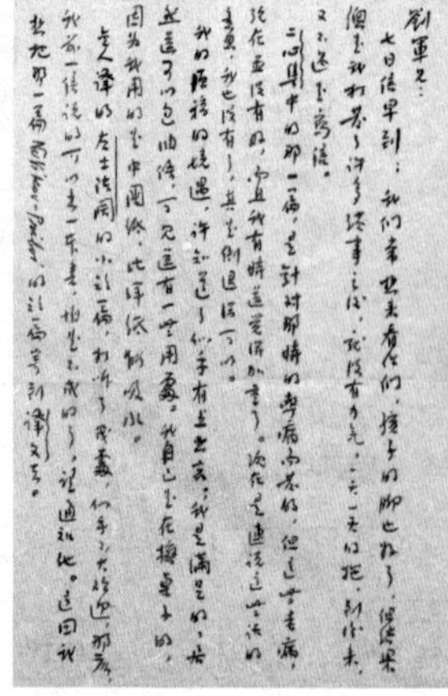
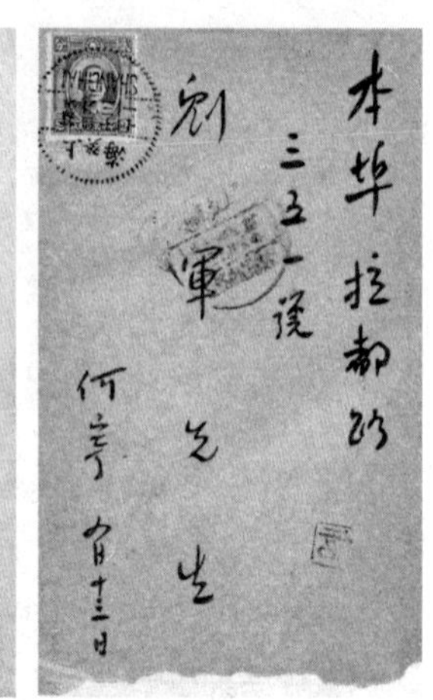

1935年4月12日致萧军（25.1cm×16.5cm）共2页

么，我前一信说的可以出一本书，怕是不成的了，望通知他。这回我想把那一篇Novikov-Priboi 的短篇寄到《译文》去。

《搭客》及《樱花》上，都有署名的。《搭客》不知如何；《樱花》已送检查，且经通过，不便改了，以后的投稿再用新名罢。听说《樱花》后面，也许附几句对于李的答复。

一个作者，“自卑”固然不好，“自负”也不好的，容易停滞。我想，顶好是不要自馁，总是干；但也不可自满，仍旧总是用功。要不然，输出多而输入少，后来要空虚的。

《八月》上我主张删去的，是说明而非描写的地方，作者的说明，以少为是，尤其是狗的心思之类。怎么能知道呢。

前信说张君要和您谈谈，我想是很好的，他是研究文学批评的人，我和他很熟识。

此复，即请

俪安。

豫上　四月十二（日）夜

刘军兄：

太白社寄来稿费单一张，印已代盖，请填上空白之处并签名，前

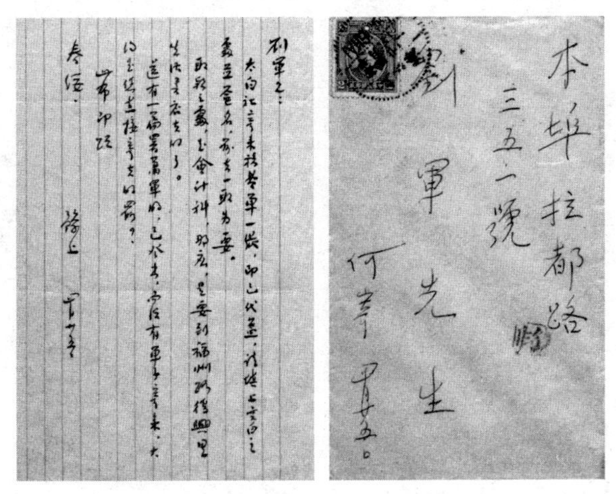


1935年4月25日致萧军（20.8cm×13.7cm）共1页

去一取为要。

取款之处，是会计科，那么，是要到福州路复兴里生活书店去的了。

还有一篇署萧军的，已登出，而没有单子寄来，大约是您直接寄去的罢？

此布，即颂

春绥。

豫上　四月廿五日

刘军兄：

廿六日信收到。许总算没有生病。孩子还有点咳，脚是全好了，不过皮色有点不同，但这没有关系。我已可以说是全好，正在为日本杂志做一篇文章，骂孔子的，因为他们正在尊孔，但不知能登出否？月内此外还欠两篇文债，我看是来不及还清的了，有范围，有定期的文章，做起来真令人叫苦，兴味也没有，做也做不好。

文学社寄来稿费单一张，今仍代印寄上，印书的钱，大约可以不必另外张罗了罢。

那个杂志的文章，难做得很，我先前也曾从公意做过文章，但同

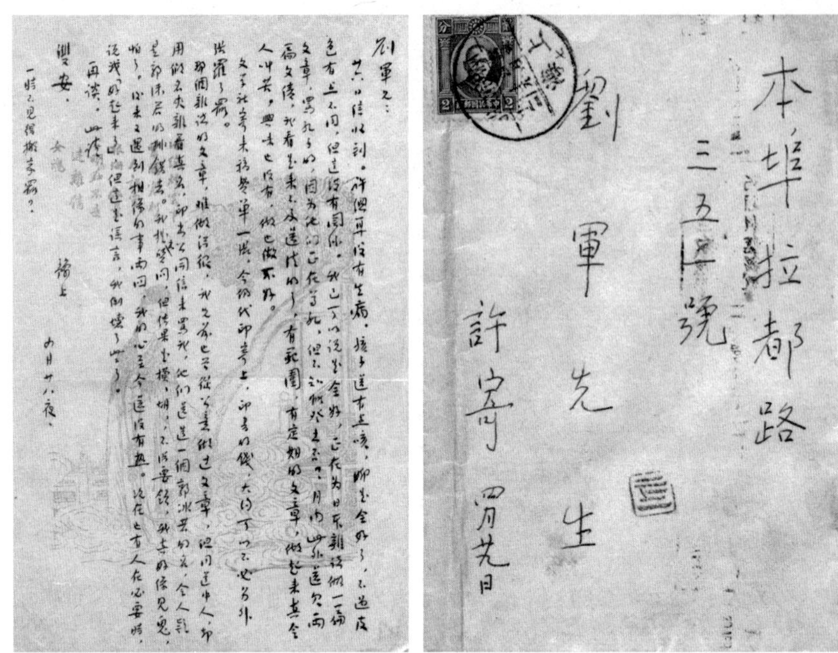

1935年4月28日致萧军（25.1cm×16.5cm）共1页

道中人，却用假名夹杂着真名，印出公开信来骂我，他们还造一个郭冰若的名，令人疑是郭沫若的排错者。我提出质问，但结果是模模胡胡，不得要领，我真好像见鬼，怕了。后来又遇到相像的事两回，我的心至今还没有热。现在也有人在必要时，说我“好起来了”，但这是谣言，我倒坏了些了。

再谈。此请

双安。

豫上　四月廿八（日）夜

一时不见得搬家罢？

刘军兄：

七日信收到。我这一月以来，手头很窘，因为只有一点零星收入，数目较多的稿费，不是不付，就是支票，所以要到二十五日，才有到期可取的稿费。不知您能等到这时候否？但这之前，会有意外的

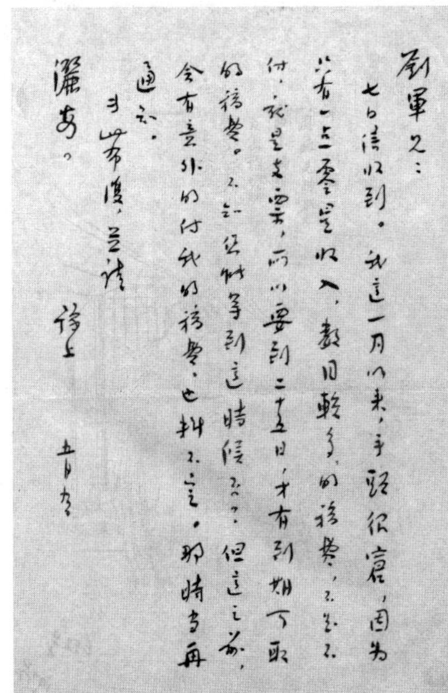

劉軍兄：

七日信收到。我這一月以來，手頭很窘，因為只有一點零星收入，數目較多的稿費，不是不付，就是支票，所以要到二十五日，才有到期可取的稿費。不知能等到這時候否？但這之前，會有意外的付我的稿費，也料不定。那時當再通知。

專此布復，並請

儷安。

豫上　五月九日

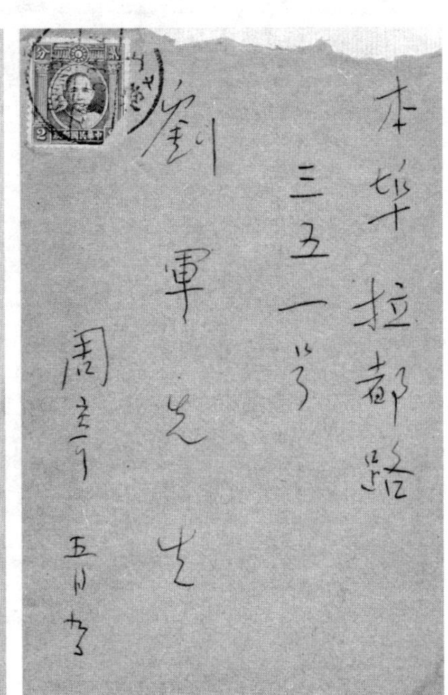


1935年5月9日致萧军（25cm×16.5cm）共1页

付我的稿费，也料不定。那时当再通知。

专此布复，并请

俪安。

豫上　五月九日

刘军兄：

今天有点收入，你所要之款，已放在书店里，希持附上之条，前去一取。

因为赶译小说忙，不能多写了，只通知两件事：

一、那一本《八月的乡村》印出后，内山书店是不能寄售的，因为否则他要吃苦。

二、金人译稿，已在本月《译文》上登出了，那稿费，当与下月的《文学》上所登的悄吟太太的稿费同交。那稿是我寄去的，想不至于被抽去，倘登出后，乞自去一取为荷。

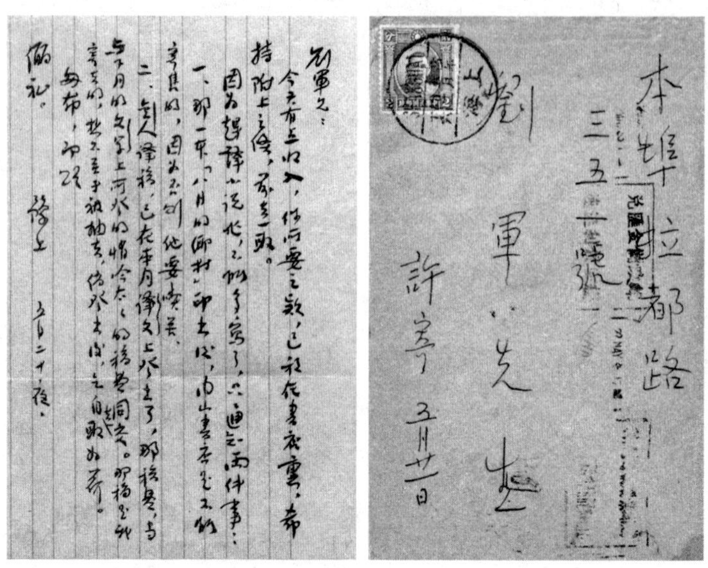

1935年5月20日致萧军（20.8cm×13.7cm）共1页

匆布，即颂

俪祉。

豫上　五月二十（日）夜

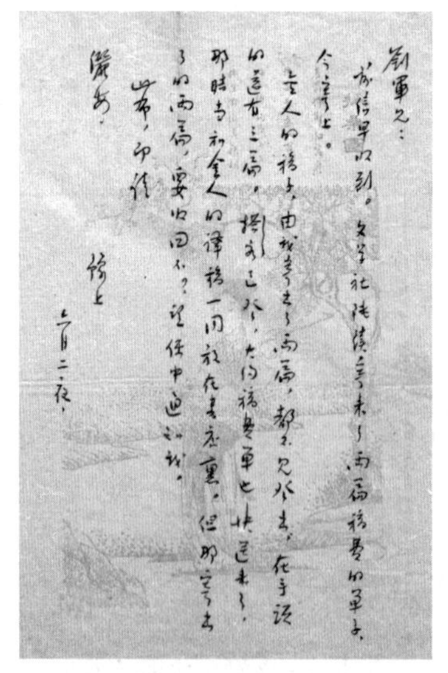

1935年6月2日致萧军（25cm×16.5cm）共1页

刘军兄：

前信早收到。文学社陆续寄来了两篇稿费的单子，今寄上。

金人的稿子，由我寄出了两篇，都不见登出；在手头的还有三篇。《搭客》已登，大约稿费单也快送来了，那时当和金人的译稿一同放在书店里。但那寄出了的两篇，要收回不？望便中通知我。

此布，即请

俪安。

豫上　六月二（日）夜

刘军兄：

二，五两日的信，都收到了。但大约只能草草作复。不知怎的，总是忙，因为有几种刊物，是不能不给以支持的，但有检查，所以要做得含蓄，又要不十分无聊，这正如带了镣铐的进军，你想，怎能弄得好，又怎能不出一身大汗，又怎能不仍然出力不讨好。

《文学》上所登的广告，关于我的几点，是未经我的同意的，这不过是一种“商略”，但我不赞成这样的办法。启事也已看过，这好像“官样”，乃由于含胡。例如以《文学》的投稿之多，是应该有多人阅看，退还的，但店中不肯多用人，这一层编辑者不好明说，而实则管不过来；近来又有新命令，是不妥之稿，一律没收，但出版者又不肯多化钱，都排印了送检，所以此后的稿子，必有一部份被扣留，不能退还，但这是又不准明说的。以上两种，就足使编辑者只得吞吞吐吐，打一下官话了。但在不知内情的读者和投稿者，是要发生反感的，可又不能说明内情，这是编辑者的失败，也足见新近压迫法之日见巧妙。我看这种事情，还要层出不穷。

金人的译稿给天马去印，我当然赞成的，也许前信已经说过，《罪与罚》大约未必能登出来；至于翻译界的情形，我不能写了，实

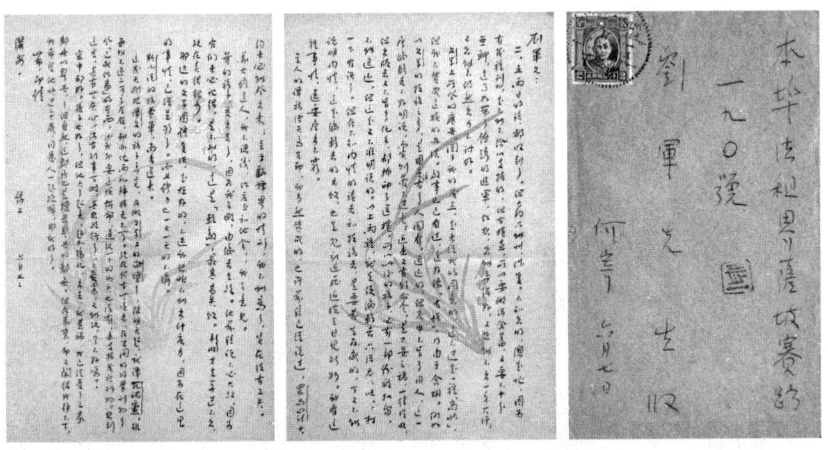


1935年6月7日致萧军（24.6cm×16.1cm）共2页

在没有工夫。

万古蟾这人，我不认识，你应否和他会会，我无意见。

叶的稿子，交出去了，因为我无暇，由编者去改。他前信说不必大改，因为官们未必记得，是不对的，这是“轻敌”，最容易失败。《丰收》才去算过不久，现在卖得很少。

那边的文学团体复活，是极好的，不过我恐怕不能出什么力，因为在这里的事情，已经足够了。而且体力也一天一天的不济。

《新小说》的稿费单，尚未送来。

这几天刚把《译文》的稿子弄完，在做《文学》上的“论坛”了，从明天起，就译《死魂灵》，虽每期不过三万字左右，却非化两礼拜时光不可。现在很有些读者，在公开的攻击刊物多登“已成作家”的东西，而我却要这样拼命，连玩一下的功夫也没有，来支持几种刊物。想到这里，真有些灰心。倘有别事可做，真想改行了，不受骂，又能玩，岂不好吗?

寓中都好。孩子也好了，但他大了起来，越加捣乱，出去，就惹祸，我已经受了三家邻居的警告，——但自然，这邻居也是擅长警告的邻居。但在家里，却又闹得我静不下，我希望他快过二十岁，同爱人一起跑掉，那就好了。

此布，即请

俪安。

豫上　六月七日

刘军兄:

良友公司的稿费单，写信去催了才寄来，今寄上，但有期限，在本月廿一，不能立刻取。

又寄《新小说》(四) 一本来，现亦另封挂号寄上，还有一本是他们给我的，我已看过，不要了，顺便一同寄去，你可以送朋友的。

我们都还好，我在译《死魂灵》，要二十以外才完。

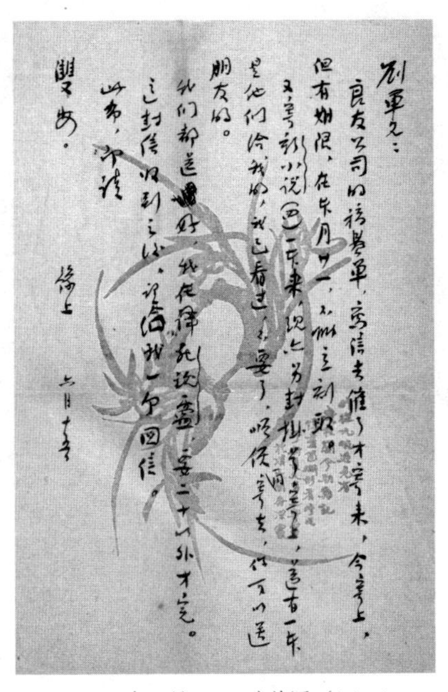

刘军兄：

良友公司的稿费单，寄信去催了才寄来，今寄上，但有期限，在本月廿一，必须去取。又寄《新小说》（四）一本来，现已另封挂号寄上，这书有一本是他们给我的，我已看过，不要了，所以寄去，你可以送朋友的。

我们都还好，我在译《死魂灵》，要二十以外才完。

这封信收到之后，望给我一个回信。

此布，即请

俪安。

豫上 六月十五日

1935年6月15日致萧军（24.6cm×16cm）共1页

这封信收到之后，望给我一个回信。

此布，即请

双安。

豫上　六月十五日

刘军兄：

廿三信收到。昨天看见《新小说》的编辑者，他说，金人的译稿，已送去审查了。我想，这是不见得有问题的。悄太太的稿子，当于日内寄去。但那第三期，因为第一篇是我译的，不许登广告。

译文社的事，久不过问了。金人译稿的事，当于便中提及。

《死魂灵》第三次稿，前天才交的，近来没有气力多译。身体还是不行，日见衰弱，医生要我不看书写字，并停止抽烟；有几个朋友劝我到乡下去，但为了种种缘故，一时也做不到。

近来警告倒没有了，这是因为我们自己戒了严，但真也吃力。

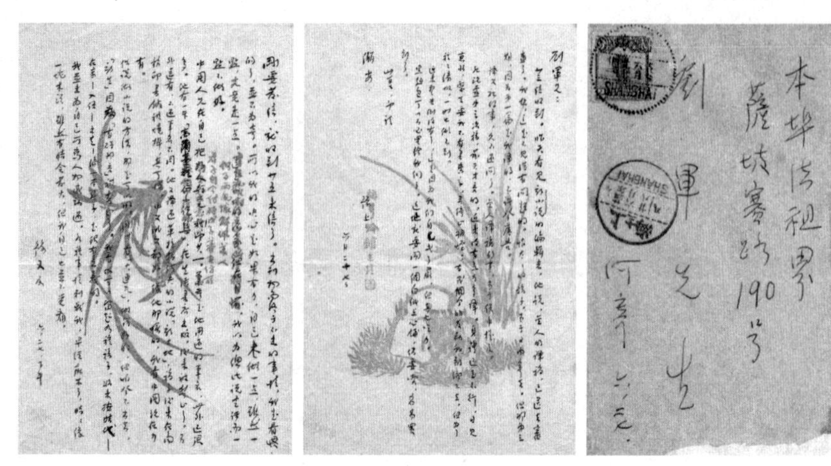

1935年6月27日致萧军（24.6cm×16.1cm）共2页

黑面包可以不必买给我们了。近地就要开一个白俄点心铺，倘要吃，容易买到了。

此复，即请

俪安。

豫上　六月二十七日

刚要发信，就收到廿五来信了。出刊物而终于不出的事情，我是看惯的了，并不为奇。所以我的决心是如果有力，自己来做一点，虽然一点，究竟是一点。这是很坏的现象，但在目前，我以为总比说空话而一点不做好。

中国人先在自己把好人杀完，秋即其一。萧参是他用过的笔名，此外还很多。他有一本《高尔基短篇小说集》，在生活书店出版，后来被禁止了。另外还有，不过笔名不同。他又译过革拉特珂夫的小说《新土地》，稿子后来在商务印书馆被烧掉，真可惜。中文俄文都好，像他那样的，我看中国现在少有。

你说做小说的方法，那是可以的。刚才看《大连丸》，做得好的，但怕登不出去，《新生》因为“有碍邦交”被禁止了。我看你可以留起各种稿子，将来按时代——在家——入伍——出走编一本集子，是很有意义的。我并未为自己所写人物感动过。各种事情刺戟我，早经麻木了，时时像一块木头，虽然有时会发火，但我自己也并不觉痛。

豫　又及　六，二七，下午

刘军兄：

十二日信并以前的一信，书，都收到的。关于出纪念册的事，先前已有几个人提议过了，我不同意，也不愿意说明理由；不过如有一团〔伙〕要出，那自然是另一回事，只是我个〔人〕不加入。

对于书，并无什么意见。

月初因为见了几回一个老朋友，又出席于他女儿的结婚，把译作搁起起〔来〕了，后来须赶译，所以弄得没有工夫。今年也热，我们也都生痱子。我的房里不能装电扇，即能装也无用，因为会把纸张吹动，弄得不能写字，所以我译书的时候，如果有风，还得关起窗户来，这怎能不生痱子。对于痱子的药水，有 Watson’s Lotion for Prickly Heat，颇灵，大马路屈臣氏大药〔房〕出售，我们近地是二元四角钱一瓶，我们三人大约一年用两瓶就够，你身体大，我怕搽一次就要1/4瓶，那可不得了了。

那书的装饰还不算坏，不过几条黑条乱一点。團写作团，难识，

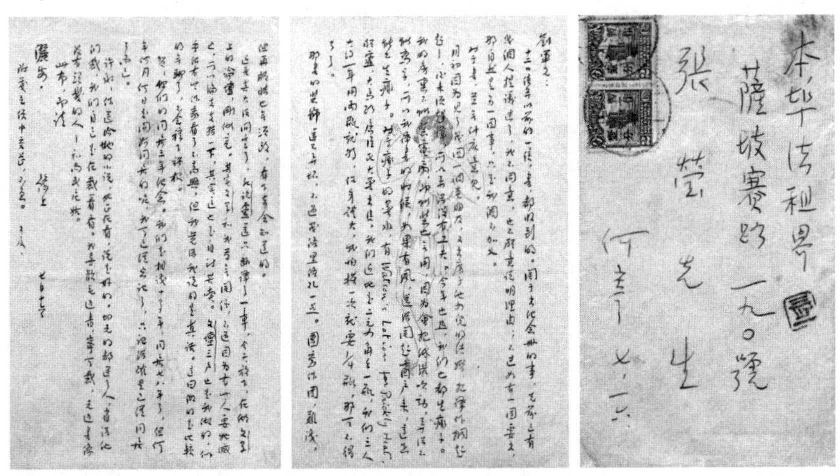
本埠法租界
薩坡賽路一九〇號
張瑩先生

1935年7月16日致萧军（24.8cm×16cm）共2页

但再版时也无须改，看下去会知道的。

近来真太没闲空了，《死魂灵》还只翻译了一章，今天放下，在做《文学》上的“论坛”，刚做完。其实《文学》和我并无关系，不过因为有些人要它灭亡，所以偏去支持一下，其实这也是自讨苦吃。《文坛三户》也是我做的，似乎很有些作家看了不高兴，但我觉得我说的是真话。这回做的是比较的无聊了，不会种下祸根。

贺贺你们的同居三年纪念。我们是相识十多年，同居七八年了，但何年何月何日是开始同居的呢，我可已经忘记了，只记得确是已经同居了而已。

许谢谢你送给她的小说，她正在看，说是好的。切光的都送了人，省得他们裁，我们自己是在裁着看。我喜欢毛边书，宁可裁，光边书像没有头发的人——和尚或尼姑。

此布，即请

俪安。

豫上　七月十六日

附笺乞便中交芷，不急。又及。

萧兄：

十九日信早收到，又迟复了。我此刻才译完了本月应该交稿的《死魂灵》，弄得满身痱子，但第一部已经去了三分之二了。有些事情，逼逼也好，否则，我也许未必去翻译它的。每天上午，勒令孩子裸体晒太阳半点钟，现在他痱子最少，你想这怪不怪。

胡有信来，对于那本小说，非常满意。我的一批，除掉自己的一本外，都分完了，所以想你再给我五六本，可以包好，便中仍放在书店，现在还不要紧。至于叶的政策，什么分送给傅之流，我看是不必的，他们做编辑，教授的，要看，应该自己买，否则，就是送他，他也不看。

你的朋友南来了，非常之好，不过我们等几天再见罢，因为现在

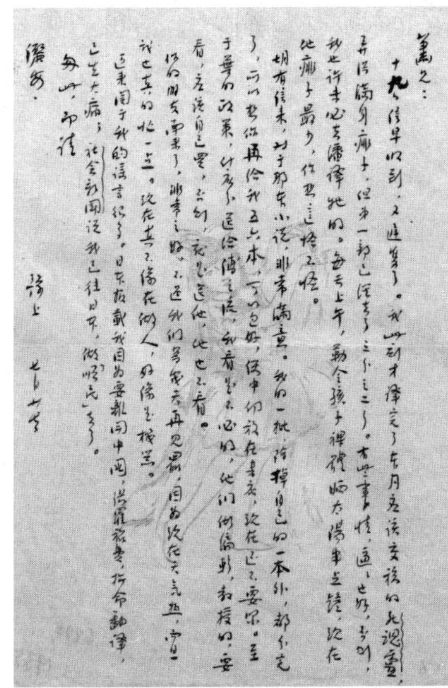

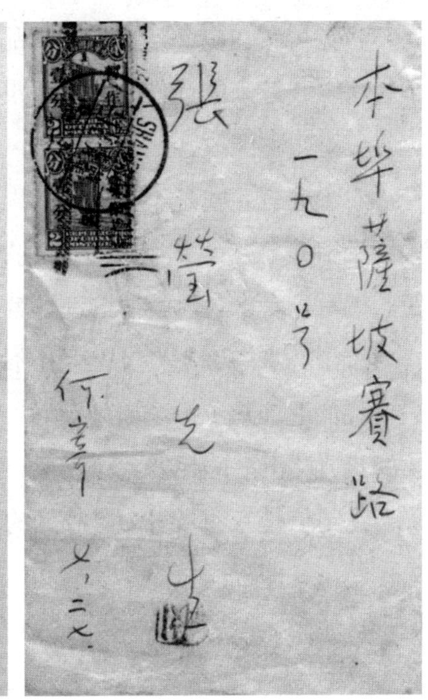



1935年7月27日致萧军（24.8cm×16cm）共1页

天气热，而且我也真的忙一点。现在真不像在做人，好像是机器。

近来关于我的谣言很多。日本报载我因为要离开中国，张罗旅费，拼命翻译，已生大病；《社会新闻》说我已往日本，做“顺民”去了。

匆此，即请

俪安。

豫上　七月廿七日

刘兄：

信和书六本，当天收到了。错字二十几个，还不算多，现在的出版物，普通每一页至少有一个。俄国已寄去一本，还想托人再寄几本去，不便当的是这回不能托书店，因为万一发现，会累得店主人打屁股，所以只好小心些。

《死魂灵》共两部，每部约二十万字，第二部本系残稿，所以译不译还未定，倘只译第一部，那么，九月底就完毕了。不过添油的人，我觉得实在少，连孩子来捣乱，也很少有人来领去，给我安静一下，所以我近来的译作，是几乎没有一篇不在焦躁中写成的，这情形大约一时也不能改善。

对于谣言，我是不会懊恼的，如果懊恼，每月就得懊恼几回，也未必活到现在了。大约这种境遇，是可以练习惯的，后来就毫不要紧。倘有谣言，自己就懊恼，那就中了造谣者的计了。

痱子药水的确不大灵，但如不用药，也许痱子还要利害些。

我们近地开了一个白俄饭店，黑面包，列巴圈，全有了。但东西卖的贵，冰淇淋一杯要大洋三毛，我看它是开不长久的。

这封信是专门报告书已收到的。

此布，即祝

俪祉。

豫上　七月廿九（日）夜

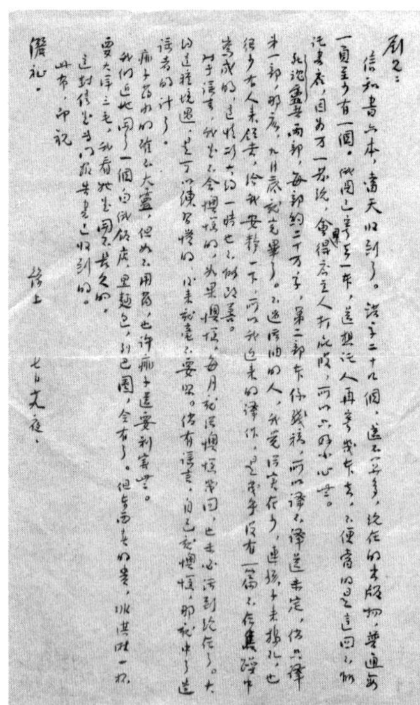
刘兄：

信和书六本，当天收到了。错字二十九个，这不算多，现在的出版物，普通每一页至少有一个。[illegible]

[illegible]第一部，那么，九月底就完毕了。不过[illegible]的人，我觉得实在少，连孩子来捣乱，也很少有人来领去，给我安静一下，所以我近来的译作，是几乎没有一篇不在焦躁中写成的，这情形大约一时也不能改善。

对于谣言，我是不会懊恼的，如果懊恼，每月就得懊恼几回，也未必活到现在了。大约这种境遇，是可以练习惯的，后来就毫不要紧。倘有谣言，自己就懊恼，那就中了造谣者的计了。

痱子药水的确不大灵，但如不用药，也许痱子还要利害些。

我们近地开了一个白俄饭店，黑面包，列巴圈，全有了。但东西卖的贵，冰淇淋一杯要大洋三毛，我看她是开不长久的。

这封信是专门报告书已收到的。

此布，即祝

俪祉。

豫上　七月廿九夜。

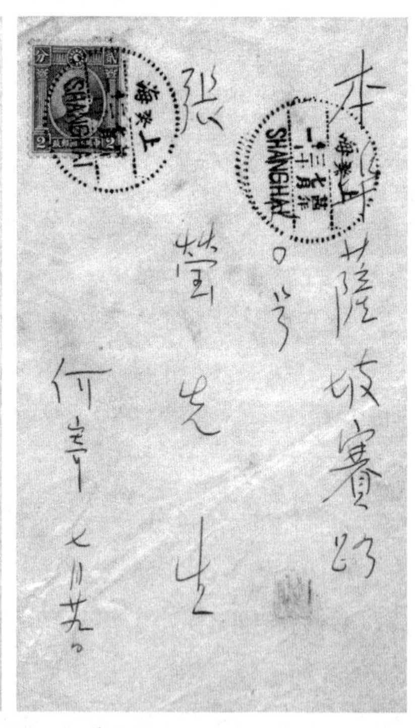


1935年7月29日致萧军（24.8cm×16cm）共1页

张兄：

十一日信并稿收到后，晚上刚遇到文学社中人，便把那一篇交了他，并来不及看。另一篇于次日交胡；又金人译稿一包，托其由芷转交，想不日可以转到。顷查纸堆，又发见了一篇，今特寄上；又《译文》上登过的一篇，我想也该抄出，编入一本之内的。

小说再给我十本也好，但不急。前回的一批，已有五本分到外国去了，我猜他们也许要翻译的。

我痱子已略退。孩子已不肯晒太阳，因为麻烦，而且捣乱之至，月底决把他送进幼稚园去，关他半天。《死灵魂》译了一半，这几天又放下，在做别的事情了。打杂为业，实在不大好。

此布，即请

俪安。

豫上　八月十六（日）夜

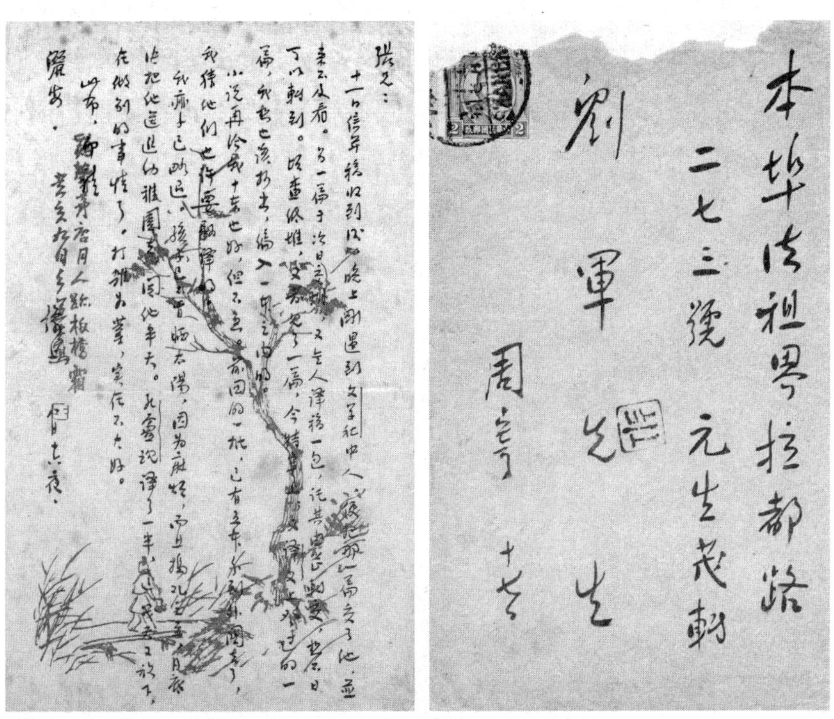


1935年8月16日致萧军（27.1cm×17.1cm）共1页

刘先生：

廿二信并书一包，均收到。又曾寄《新小说》一本，内有金人译文一篇，不知收到否？寄给《文学》的稿子，来信说要登，但九月来不及，须待十月，只得听之。良友也有信来，今附上。悄吟太太的稿子退回来了，他说“稍弱”，也评的并不算错，便中拟交胡，拿到《妇女生活》去看看，倘登不出，就只好搁起来了。

《死魂灵》作者的本领，确不差，不过究竟是旧作者，他常常要发一大套议论，而这些议论，可真是难译，把我窘的汗流浃背。这回所据的是德译本，而我的德文程度又差，错误一定不免，不过比起英译本的删节，日译本的错误更多来，也许好一点。至于《奥罗夫妇》的译者，还是一位名人，但他大约太用力于交际了，翻译就不大高明。

我看用我去比外国的谁，是很难的，因为彼此的环境先不相同。契诃夫的想发财，是那时俄国的资本主义已发展了，而这时候，我正在封建社会里做少爷。看不起钱，也是那时的所谓“读书人家子弟”的通性。我的祖父是做官的，到父亲才穷下来，所以我其实是“落破户子弟”，不过我很感谢我父亲的穷下来（他不会赚

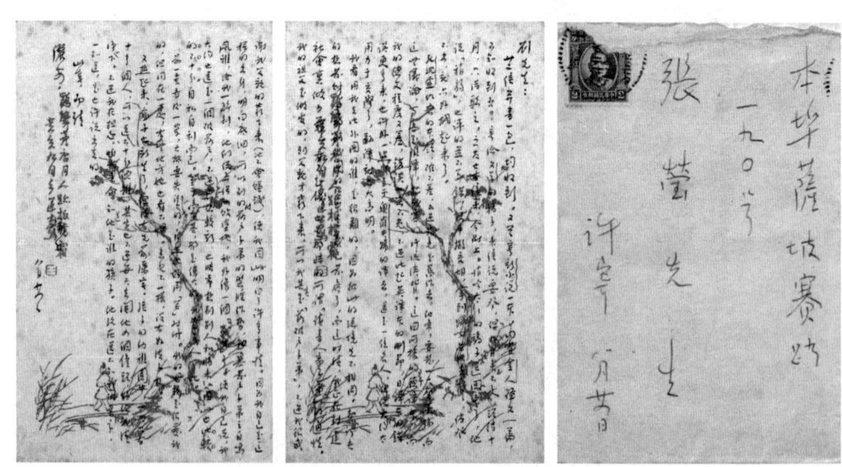

1935年8月24日致萧军（27.1cm×17.1cm）共2页

钱），使我因此明白了许多事情。因为我自己是这样的出身，明白底细，所以别的破落户子弟的装腔作势，和暴发户子弟之自鸣风雅，给我一解剖，他们便弄得一败涂地，我好像一个“战士”了。使我自己说，我大约也还是一个破落户，不过思想较新，也时常想到别人和将来，因此也比较的不十分自私自利而已。至于高尔基，那是伟大的，我看无人可比。

前一辈看后一辈，大抵要失望的，自然只好用“笑”对付。我的母亲是很爱我的，但同在一处，有些地方她也看不惯。意见不一样，没有好法子想。

又热起来，痱子也新生了，但没有先前厉害。孩子的幼稚园中，一共只有十多个人，所以还不十分混杂，其实也不过每天去关他四个钟头，好给我清净一下。不过我在担心，怕将来会知道他是谁的孩子。他现在还不知我的名字，一知道，是也许说出去的。

此复，即请

俪安。

豫上　八月廿四日

张兄：

八月卅日信收到。同日收到金人稿费单一纸，今代印附上。又收到良友公司通知信，说《新小说》停刊了，刚刚“革新”，而且前几天编辑给我信，也毫无此种消息，而忽然“停刊”，真有点奇怪。郑君平也辞歇了，你的那篇《军中》，便无着落。不知留有原稿否？但我尚当写信去问一问别人。

胡怀琛的文章，都是些可说可不说的话，此人是专做此类文章的。《死灵魂》的原作，一定比译文好，就是德文译，也比中译好，有些形容辞之类，我还安排不好，只好略去，不过比两种日本译本却较好，错误也较少。瞿若不死，译这种书是极相宜的，即此一端，即足判杀人者为罪大恶极。

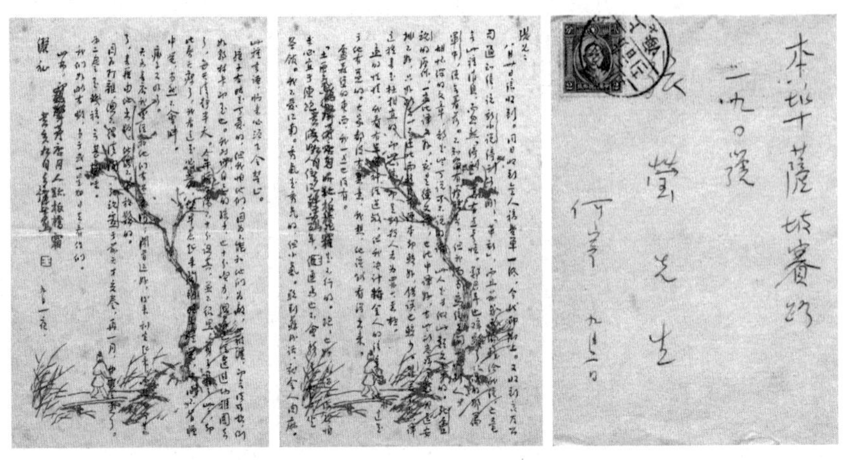

1935年9月1日致萧军（27.1cm×17.1cm）共2页

孟的性情，我看有点儿神经过敏，但我决计将金人的信寄给他，这是于他有益的。大家都没有恶意，我想，他该能看得出来。

卢森堡的东西，我一点也没有。

“土匪气”很好，何必克服它，但乱撞是不行的。跑跑也好，不过上海恐怕未必宜于练跑；满洲人住江南二百年，便连马也不会骑了，整天坐茶馆。我不爱江南。秀气是秀气的，但小气。听到苏州话，就令人肉麻。此种言语，将来必须下令禁止。

孩子有时是可爱的，但我怕他们，因为不能和他们为敌，一被缠，即无法可想，例如郭林卡即是也。我对付自己的孩子，也十分吃力，总算已经送进幼稚园去了，每天清静半天。今年晒太阳不十分认真，并不很黑，身子长了些，却比春天瘦了，我看这是必然的，从早晨起来闹到晚上睡觉，中间不肯睡中觉，当然不会胖。

痱子又好了。

天马书店我曾经和他们有过交涉；开首还好，后来利害起来，而且不可靠了，书籍由他出版，他总不会放松的。

因为打杂，总不得清闲。《死魂灵》于前天才交卷，再一月，第一卷完了。第二卷是残稿，无甚趣味。

我们如略有暇，当于或一星期日去看你们。

此布，即颂
俪祉。

豫上　九月一（日）夜

刘兄：

有一个书店，名文化生活社，是几个写文章的人经营的，他们要出创作集一串，计十二本。愿意其中有你的一本，约五万字，可否编好给他们出版，自然是已经发表过的短篇。倘可，希于十五日以前，先将书名定好，通知我。他们可以去登广告。

这十二本中，闻系何谷天、沈从文、巴金等之作，编辑大约就是巴金。我是译文社的黄先生来托我的。我以为这出版〔社〕并不坏。

此布，并请
俪安。

豫上　九月十〔日〕夜

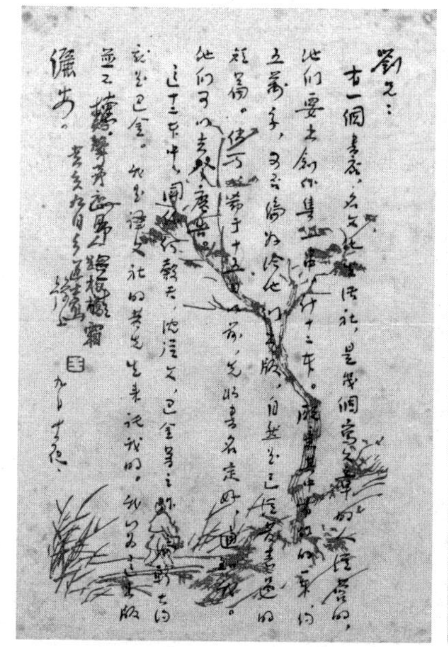

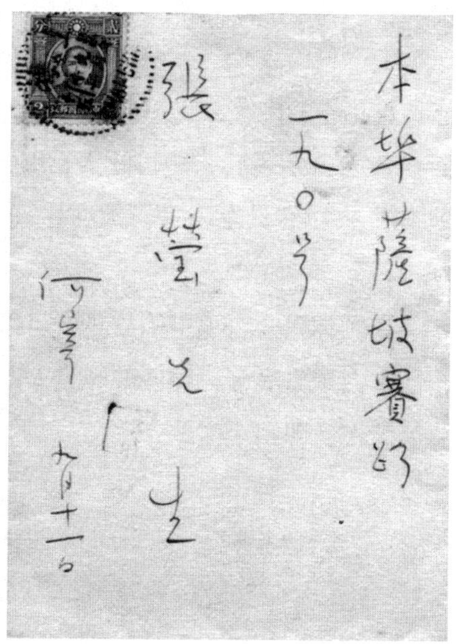

1935年9月10日致萧军（27.1cm×17.1cm）共1页

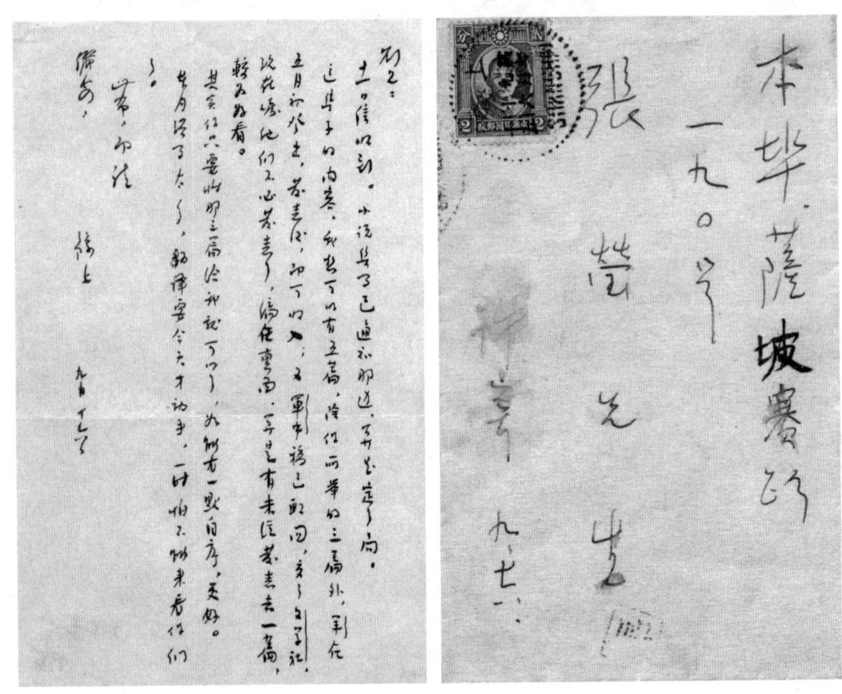

1935年9月16日致萧军（21cm×13.9cm）共1页

刘兄：

十一日信收到。小说集事已通知那边，算是定了局。

这集子的内容，我想可以有五篇，除你所举的三篇外，《羊》在五月初登出，发表后，即可收入；又《军中》稿已取回，交了文学社，现在嘱他们不必发表了，编在里面，算是有未经发表者一篇，较为好看。

其实你只要将那三篇给我就可以了，如能有一点自序，更好。

本月琐事太多，翻译要今天才动手，一时怕不能来看你们了。

此布，即请

俪安。

豫上　九月十六日

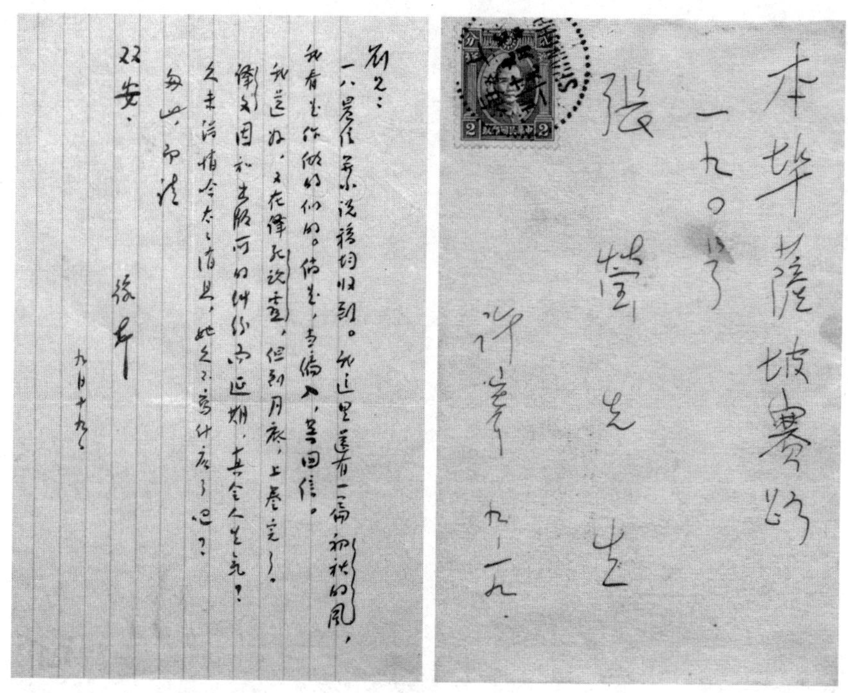

1935年9月19日致萧军（20.8cm×13.8cm）共1页

刘兄：

一八晨信并小说稿均收到。我这里还有一篇《初秋的风》，我看是你做的似的。倘是，当编入，等回信。

我还好，又在译《死魂灵》，但到月底，上卷完了。

《译文》因和出版所的纠纷而延期，真令人生气！

久未得悄吟太太消息，她久不写什么了吧？

匆此，即请

双安。

豫顿首　九月十九日

刘兄：

《羊》已登出，稿费单今日寄到，现转上。

《译文》出了岔子；但我仍忙；前天起，伏案太久，颈子痛了。

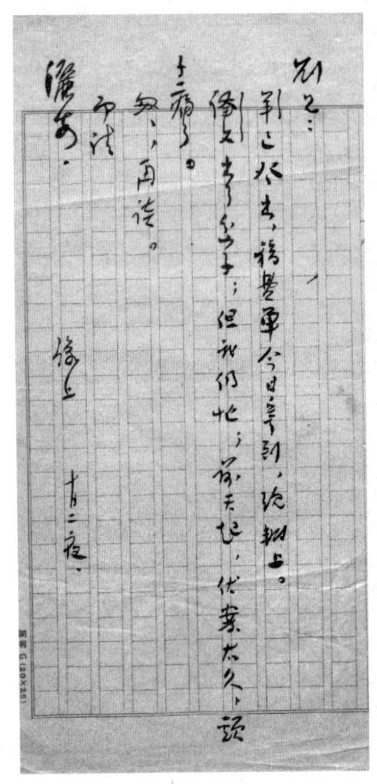

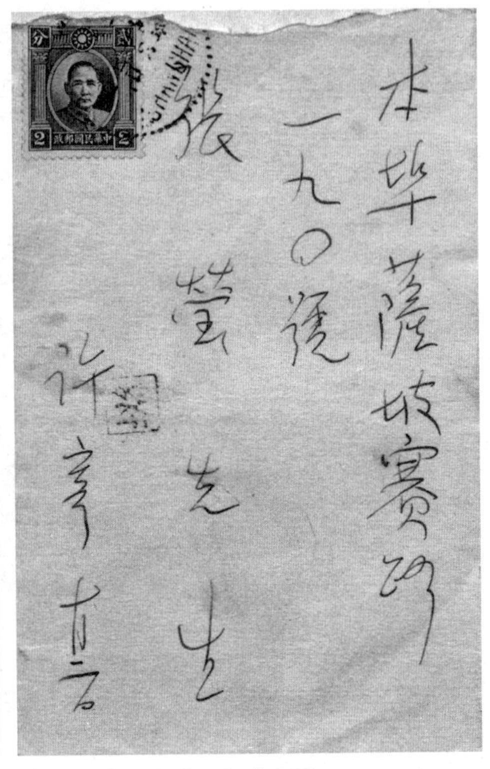


1935年10月2日致萧军（25.2cm×11.8cm）共1页

匆匆，再谈。

即请

俪安。

豫上　十月二（日）夜

刘兄：

一日的信收到两天了。对于《译文》停刊事，你好像很被激动，我倒不大如此，平生这样的事情遇见的多，麻木了，何况这还是小事情。但是，要战斗下去吗？当然，要战斗下去！无论它对面是什么。

黄先生当然以不出国为是，不过我不好劝阻他。一者，我不明白他一生的详细情形，二者，他也许自有更远大的志向，三者，我看他有点神经质，接连的紧张，是会生病的——他近来较瘦了——休息几天，和太太会会也好。

从书和月刊，也当然，要出下去。从书的出版处，已经接洽好了，月刊我主张找别处出版，所以还没有头绪。倘二者一处出版，则资本少的书店，会因此不能活动，两败俱伤。德国腓立大帝的“密集突击”，那时是会打胜仗的，不过用于现在，却不相宜，所以我所采取的战术，是：散兵战，堑壕战，持久战——不过我是步兵，和你炮兵的法子也许不见得一致。

《死魂灵》已于上月底交去第十一章译稿，第一部完了，此书我不想在《世界文库》上中止，这是对于读者的道德，但自然，一面也受人愚弄。不过世事要看总账，到得总结的时候，究竟还是他愚弄我呢，还是愚弄了自己呢，却不一定得很。至于第二部（原稿就是不完的）是否仍给他们登下去，我此时还没有决定。

现在正在赶译这书的附录和序文，连脖子也硬的不大能动了，大约二十前后可完，一面已在排印本文，到下月初，即可以出版。这恐怕就是从书的第一本。

至于我的先前受人愚弄呢，那自然；但也不是第一次了，不过在他们还未露出原形，他们做事好像还于中国有益的时候，我是出力的。这是我历来做事的主意，根柢即在总账问题。即使第一次受骗了，第二次也有被骗的可能，我还是做，因为被人偷过一次，也不能疑心世界上全是偷儿，只好仍旧打杂。但自然，得了真赃实据之后，又是一回事了。

那天晚上，他们开了一个会，也来找我，是对付黄先生的，这时我才看出了资本家及其帮闲们的原形，那专横，卑劣和小气，竟大出于我的意料之外，我自己想，虽然许多人都说我多疑，冷酷，然而我的推测人，实在太倾于好的方面了，他们自己表现出来时，还要坏得远。

以下答家常话：

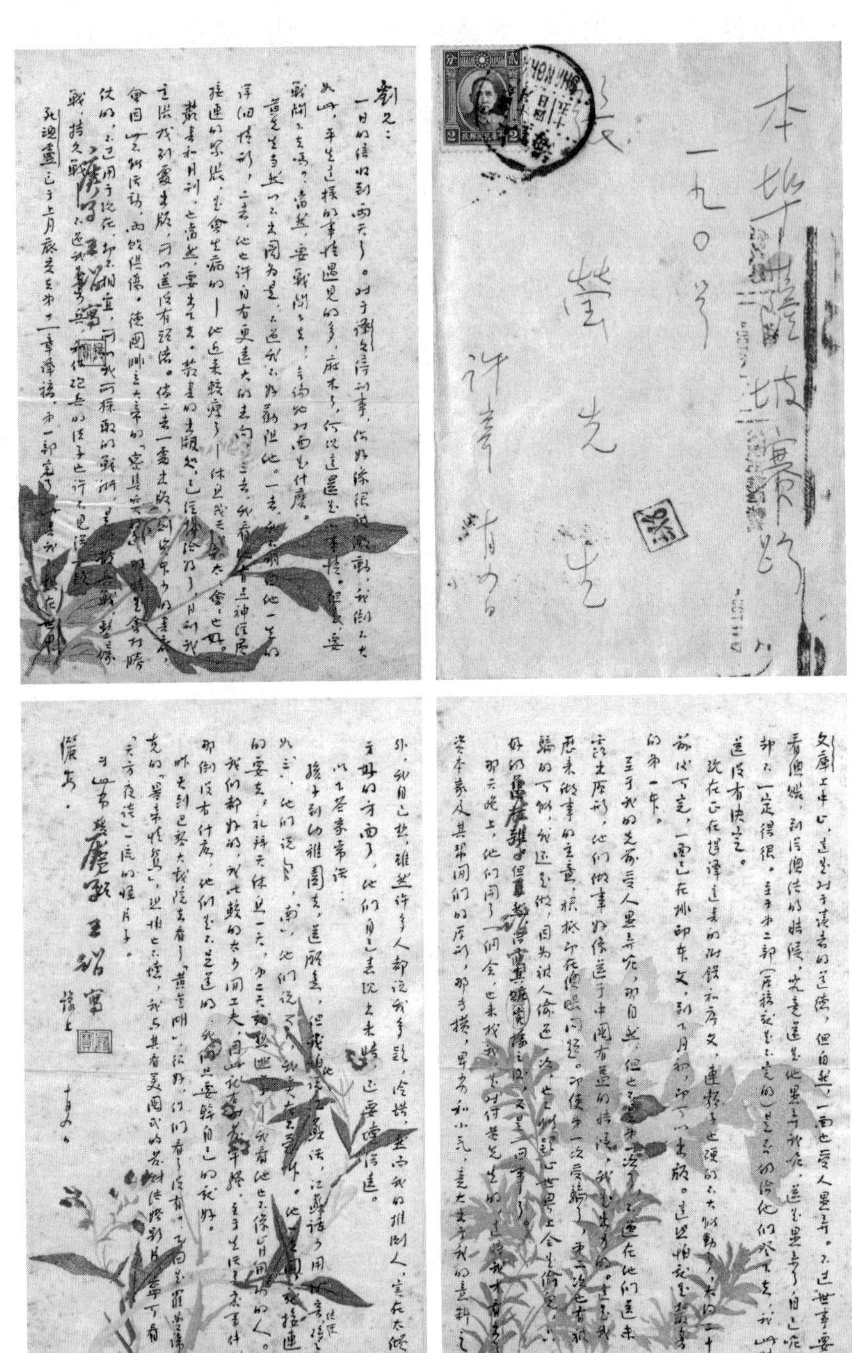

1935年10月4日致萧军（26cm×16cm）共3页

孩子到幼稚园去，还愿意，但我怕他说江苏话，江苏话少用N音结末，譬如“三”，他们说See，“南”，他们说Nee，我实在不爱听。他一去开，就接连的要去；礼拜天休息一天，第二天就想逃学——我看他也不像肯用功的人。

我们都好的，我比较的太少闲工夫，因此就有时发牢骚，至于生活书店事件，那倒没有什么，他们是不足道的，我们只要干自己的就好。

昨天到巴黎大戏院去看了《黄金湖》，很好，你们看了没有？下回是罗曼谛克的《暴帝情鸳》，恐怕也不坏，我与其看美国式的发财结婚影片，宁可看《天方夜谈》一流的怪片子。

专此布复，并颂

俪安。

豫上　十月四日

刘兄：

廿八日信收到。那一天，是我的豫料失败了，我以为一两点钟，你们大约总不会到公园那些地方去的，却想不到有世界语会。于是我们只好走了一通，回到北四川路，请少爷看电影。他现仍在幼稚园，

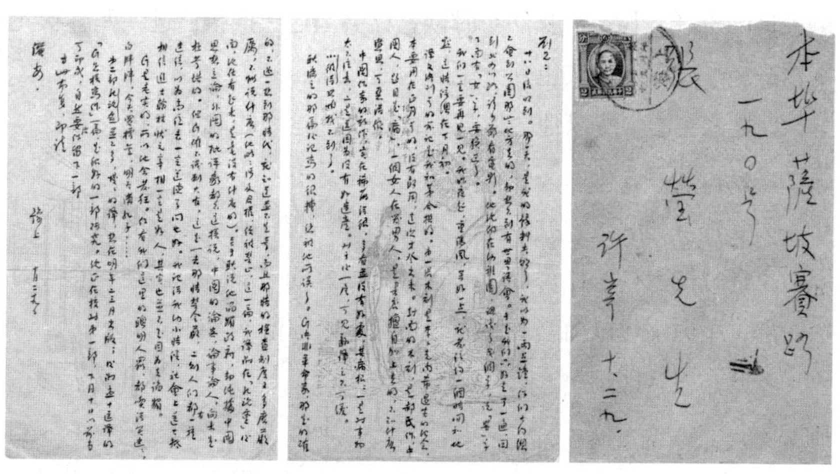

1935年10月29日致萧军（25.1cm×16.5cm）共2页

认识了几个字，说“婴”字下面有“女”字，要换过了。

我们一定要再见一见。我昨夜起，重伤风，等好一点，就发信约一个时间和地点，这时候总在下月初。

《译文》终刊号的前记是我和茅合撰的。第一张木刻是李卜克内希遇害的纪念，本要用在正月号的，没有敢用，这次才登出来。封面的木刻，是郝氏作，中国人，题目是《病》，一个女人在哭男人，是书店擅自加上去的，不知什么意思，可恶得很。

中国作家的新作，实在稀薄得很，多看并没有好处，其病根：一是对事物太不注意，二是还因为没有好遗产。对于后一层，可见翻译之不可缓。

《小彼得》恐怕找不到了。

耿济之的那篇后记写的很糟，您被他所误了。G 决非革命家，那是的确的，不过一想到那时代，就知道并不足奇，而且那时的检查制度又多么严厉，不能说什么（他略略涉及君权，便被禁止，这一篇，我译附在《死魂灵》后面，现在看起来，是毫没有什么的）。至于耿说他谄媚政府，却纯据中国思想立论，外国的批评家都不这样说，中国的论客，论事论人，向来是极苛酷的。但G 确不讥刺大官，这是一者那时禁令严，二则人们都有一种迷信，以为高位者一定道德学问也好。我记得我幼小时候，社会上还大抵相信进士翰林状元宰相一定是好人，其实也并不是因为去谄媚。

G是老实的，所以他会发狂。你看我们这里的聪明人罢，都吃得笑迷迷，白胖胖，今天买标金，明天讲孔子……

第二部《死魂灵》并不多，慢慢的译，想在明年二三月出版；后附孟十还译的《G怎样写作》一篇，是很好的一部研究。现正在校对第一部，下月十日以前当可印成，自然要给你留下一部。

专此布复，即请

俪安。

豫上　十月二十九日

刘兄：

校稿昨天看完，胡刚刚来，便交与他了。

校稿除改正了几个错字之外，又改正了一点格式，例如每行的第一格，就是一个圈或一个点，很不好看，现在都已改正。

夜里写了一点序文，今寄上。

这几天四近谣言很多，虽然未必真，可也令人不十分静得下。居民搬的很多。

专此布达，即请

俪安。

豫上　（十一月）十五日上午

《死灵魂》纸面的已出，布面的还得等几天。又及。

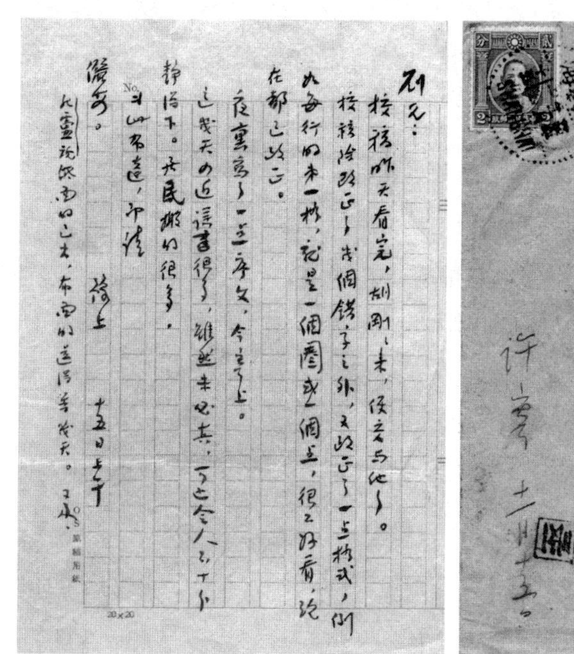

刘兄：

校稿昨天看完，胡刚刚来，便交与他了。校稿除改正了几个错字之外，又改正了一点格式，例如每行的第一格，就是一个圈或一个点，很不好看，现在都已改正。

夜里写了一点序文，今寄上。

这几天四近谣言很多，虽然未必真，可也令人不十分静得下。居民搬的很多。

专此布达，即请

俪安。

豫上　十五日上午

死灵魂纸面的已出，布面的还得等几天。又及。

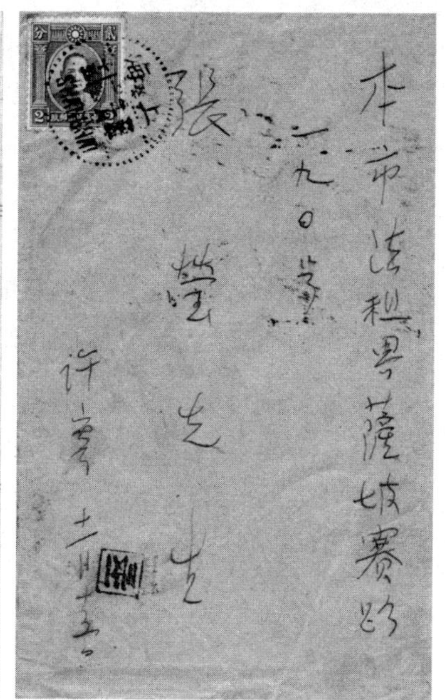


1935年11月15日致萧军（19.6cm×13.5cm）共1页

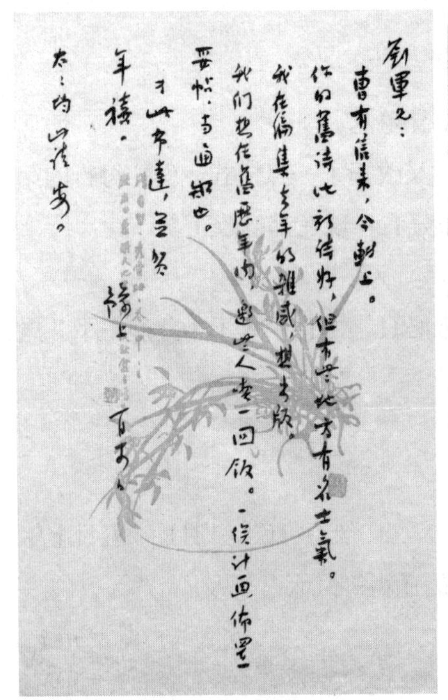

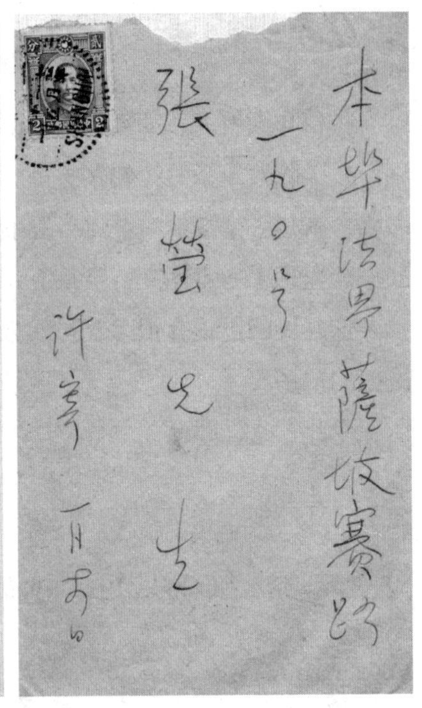



1936年1月14日致萧军（24.7cm×16.1cm）共1页

刘军兄：

曹有信来，今转上。

你的旧诗比新诗好，但有些地方有名士气。

我在编集去年的杂感，想出版。

我们想在旧历年内，邀些人吃一回饭。一俟计画布置妥帖，当通知也。

专此布达，并贺

年禧。

豫上　一月十四日

太太均此请安。

刘军兄：

那三十本小说，两种都卖完了，希再给他们各数十本。

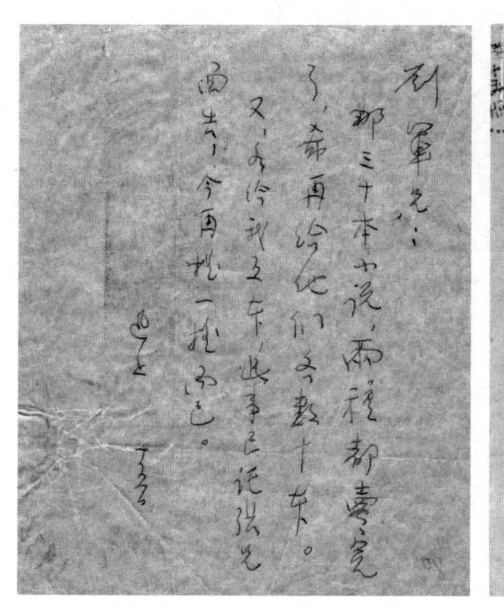

劉軍兄：

那三十本小說，兩種都賣完了，希再給他們各數十本。

又，各給我五本，此事已託張兄面告，今再提一提而已。

迅上 十五

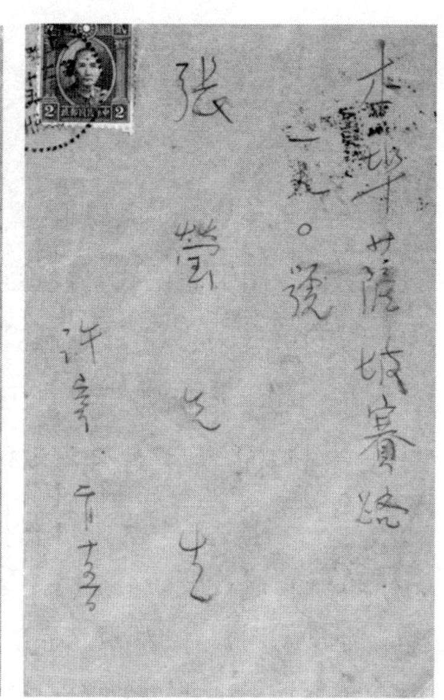

本埠薩坡賽路一九〇號

張瑩先生

許寄 二月十五

1936年2月15日致萧军（14.6cm×12.2cm）共1页

又，各给我五本，此事已托张兄面告，今再提一提而已。

迅上 〔二月〕十五日

刘兄：

义军的事情，急于应用，等通信恐怕来不及，所以请你把过去二三年中的经过（用回忆记的形式就好），撮要述给他们，愈快愈好，可先写给一二千字，余续写。

见胡风时，望转告：那一篇文章，是写给外国人看的，只记事，不发议论，二三千字就够，但要快。

迅上 二月二十三日

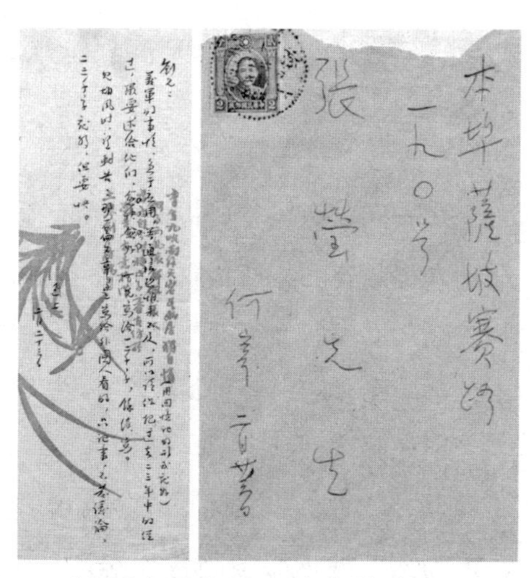

本埠薩坡賽路一九〇号

張瑩先生

何寄 二月廿三

1936年2月23日致萧军（24.6cm×8.3cm）共一页

# 附录1：萧红、端木蕻良致胡风信

1937年9月，胡风与萧红、萧军在上海创办了《七月》周刊，出版三期后，由于上海战事日趋紧张，他们相继于10月初离开上海，来到当时的抗日中心武汉。在这里，两萧结识了青年作家端木蕻良，并居住在一起。他们同艾青、田间等一起协助胡风继续编辑出版《七月》，并将其改为半月刊。1938年2月26日，两萧分开。萧红、端木蕻良随丁玲所在的“西北战地服务团”离开临汾，到达西安。萧军于3月20日到达延安，4月初，又返回西安，萧红向他提出从此永远分手。本年4月9日《胡风日记》载：“艾青带来了萧红的信，说是有了孕，艾青则说她和端木同居了。”

这封信是在萧红怀有身孕与端木蕻良结合的复杂心情下写的，并委托艾青带给胡风。艾青把它随身携带着，从西安回到武汉，亲自送到胡风手里。信中提到的“三幕剧”，即《突击》，是萧红、丁玲等在从临汾去西安途中创作的。“屠小姐”，即梅志，原名屠玘华。“小朋友”，即胡风长子晓谷。

释文：

胡兄：

我一向没有写稿，同时也没有写信给你。这一遭的北方的出行，在别人都是好的，在我就坏了。前些天萧军没有消息的时候，又加上我大概是有了孩子。那时候端木说：“不愿意丢掉的那一点，现在丢了，不愿意多的那一点，现在多了。”

现在萧军到延安了。聂也去了。我和端木尚留在西安了，因为车子问题。

为西北战地服务团我和端木和老聂、塞克共同创作了一个三幕剧，并且上演过。现在要想发表，我觉得《七月》最合适，不知道你

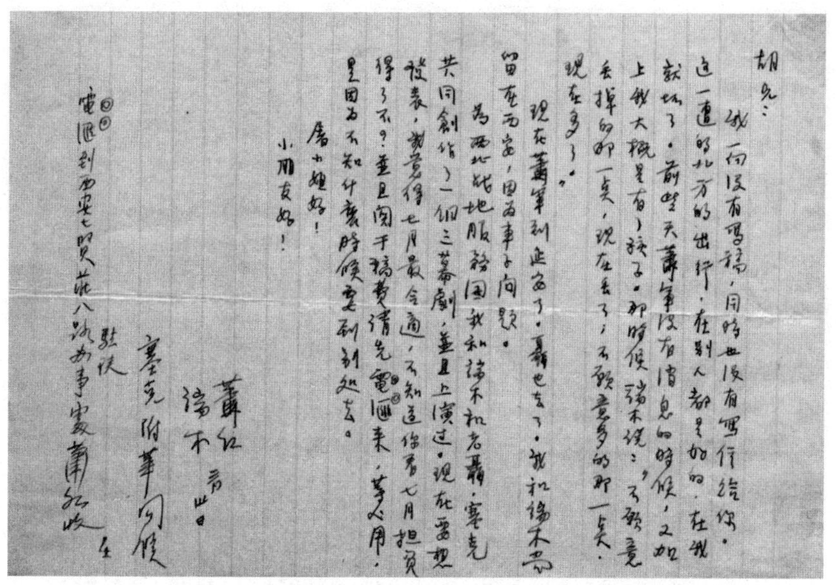

胡兄：

我一向没有写稿，同时也没有写信给你。这一道的北方的出行，在别人都是如的，在我就坏了。前些天萧军没有消息的时候，又加上我大概是有了孩子。那时候端木说：“不头竟丢掉的那一点，现在丢了；不头竟多的那一点，现在多了。”

现在萧军到延安了。聂也去了。我和端木要留在西安，因为事情问题。

为西北战地服务团我和端木和塞克、聂共同创作了一个三幕剧，并且上演过。现在要想发表，我觉得七月最合适，不知道你看七月担负得了不？并且关于稿费请先电汇来，等钱用，是因为不知什么时候要到别处去。

屠小姐好！

小朋友好！

萧红
端木　同上　卅日

塞克附笔问候

电汇到西安七贤庄八路驻队办事处萧红收

1938年3月30日，萧红、端木蕻良致胡风信（13.5cm×20.6cm）共1页。胡风收藏，2011年，胡风女儿张晓风捐赠

看《七月》担负得了不？并且关于稿费先电汇来，等钱用，是因为不知什么时候要到别处去。

屠小姐好！

小朋友好！

萧红　端木

三月卅日

塞克附笔问候

电汇到西安七贤庄八路驻队办事处萧红收

## 附录2：萧红致许广平信

1939年3月14日萧红致许广平信，刊登在1939年4月5日《鲁迅风》第十二期。原稿未发现。《鲁迅风》，民国二十八年（1939）一月十一日创刊，为周刊，编辑冯梦云，实为金性尧、石灵。发行人来小雍，中国文化服务社、五洲书报社、三华商店发行，出版地上海。从

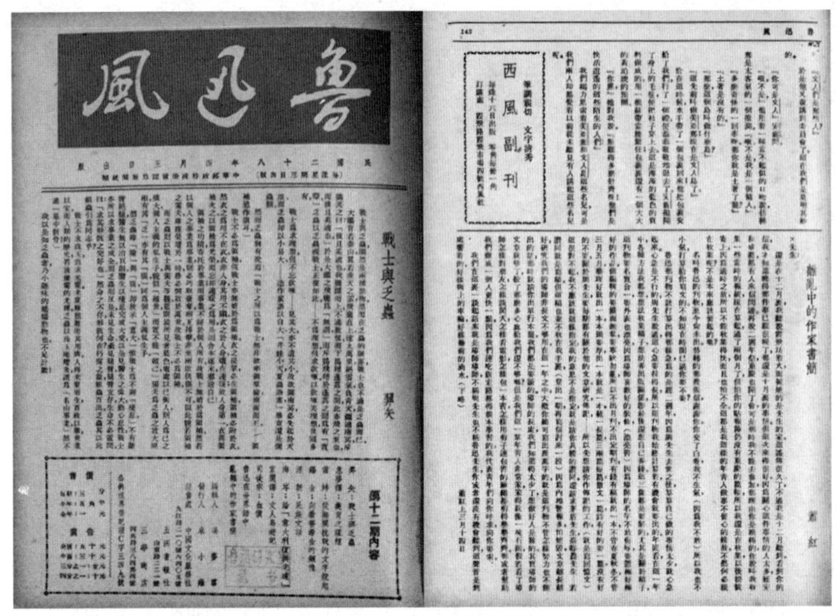

魯迅風

戰士與乏蟲

第十二期內容

離亂中的作家書簡

蕭紅

西風副刊

萧红作《离乱中的作家书简》

1939年3月14日，萧红致许广平信，以《离乱中的作家书简》为题发表于4月5日上海《鲁迅风》第十二期。同月完成散文《长安寺》，发表于9月5日上海《鲁迅风》第十九期

第十四期起改为半月刊，金星书店、天马书店发行，同年9月5日终刊。共出十九期。

释文：

## 离乱中的作家书简

萧　红

×先生：

还是十二月里，我听说霞飞坊着火，而被烧的是先生的家。这谣传很久了，不过我是十二月听到的。看到你的信，我才晓得那件事已经很晚了，那还是十月里的事情。但这次来得很好，因为关心这件事情的人太多，延安和成都，都有人来信问过。再说二周年祭，重庆也开了会，可是那时我不能去参加，那理由你是晓得的。你说让我收集一些当时的报纸，现在算起，过了两个月了，但怕你的帖报簿仍没有重庆的篇幅，所以我还是在收集。以后挂号寄上，因为过时之故，所以不能收集的快。而且也怕不全。这都是我这样的年青人做事不留心的缘故。不然何必现在收集呢？不是本来应该留起的吗？

名叫《鲁迅》的刊物，至今尚未出，替转的那几张信，谢谢你。你交了白卷，我不生气，（因为我不敢）所以我也不小气，打算给你写文的。不知现在时间已过你要不要？

《鲁迅》那刊物不该打算出得那样急，为的是赶二周年，因为周先生去世之后，算算自己做的事情太少，就心急起来。心急是不行的，周先生说过，这心急要拉得长，所以这刊物我始终计算着，有机会就要出的。年底看，在这一年中，各种方法我都想。想法收集稿子，想法弄出版关系，即最后还想自己弄钱。这三条都是要紧的。尤其是关于稿子，这刊物要名实合一，要外表也漂亮，因为导师喜欢好的装修，（漂亮书）因为导师的名字不敢侮辱，要选极好极好的作品，做编辑的要铁面无私，要宁缺勿乱（滥），所以不出月刊，不出定期刊，有钱有稿就出一本，不管春夏秋冬，不管三月五月，整理好就出一本，本头要厚，出一本就是一本。载一长篇、三两篇短篇、散文一篇，诗有好的要一篇，没有好的不要。关于周先生，要每期都有关于他的文章，研究，传记……所以先想请你做传记的工作。（就是写回忆文）这很对不起，我不应该这么指定，我的意思不是指定，就是请你具体的赞同。还请求茅盾先生，台静农先生……若赞同就是写稿。但这稿也并不收在我手里（登出一期，再写信讨来一段），因为内地警报多，怕烧毁，文章越长越好，研究我们的导师非长文不够用，在这一年之中，大概你总可写出几万字的，就是这刊物不管怎样努力也不能出的话，那时就请你出单行本罢，我们都是要读的。导师的长处，我们知道得太少了，想做好人是难的。其实导师的文章就够了。绞了那么多心血给我们还不够吗？但是我们这一群年青人非常笨，笨得就像一块石头，假若看了导师怎样对朋友，怎样谈闲天，怎样看电影，怎样包一本书，怎样用剪子连包书的麻绳都剪得整整齐齐。那或者帮助我们做成一个人更快一点，因为我们连吃饭走路都得根本学习的，我代表青年们向你呼求，向你要素。

我们在这里一谈起话来就是导师导师，不称周先生，也不称鲁迅先生，你或者还没有机会听到，这声音是到处响着的，好样街上的车轮，好样檐前的滴水。（下略）

萧红上（一九三九年）三月十四日

## 附录3：袁时洁致萧红信

这封信是写在自制的书签上，信上的“奇”是袁时洁，相关文献如下：

### 1936年11月2日萧红致萧军信

三郎：

…………

奇她们已经安定下来了吧？两三年的工夫，就都兵荒马乱起来了，牵牛房的那些朋友们，都东流西散了。

### 1936年11月6日萧红致萧军信

均：

…………

奇来了没有？

（《萧红书简》，萧军编注，上海人民出版社，2015）

……信中的“奇”，就是指的我。我当时名淑奇。时光流去四十多年，现在，由我来回顾“牵牛花”那段令人难忘的往事。

（袁时洁：《“牵牛花”忆旧》，载彭放、晓川主编《百年诞辰忆萧红》，北方文艺出版社，2011）

漫画女孩（正面）

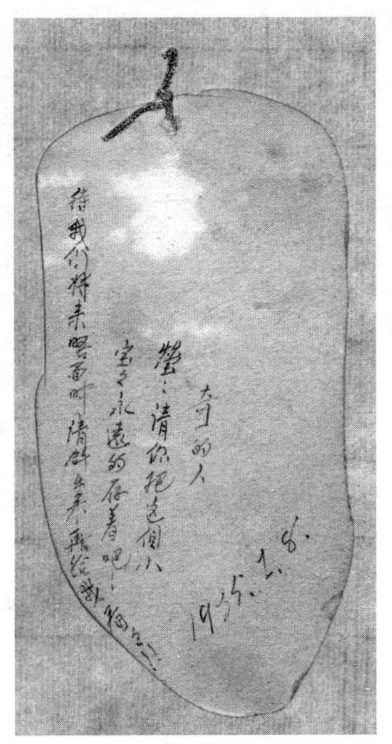

漫画女孩（背面）

释文：

莹：

请你把这个小宝宝永远的存着吧！

待我们将来晤面时请拿出来再给我看看！！

奇的人

1935.1.8

# 二、日记

鲁迅1881年出生在浙江省绍兴府城，十六岁父亲病故。两年后母亲想方设法筹备路费送他到南京上新学堂。毕业后考取官费到日本留学。1909年归国，1911年辛亥革命成功，次年应中华民国临时政府教育总长蔡元培邀请，鲁迅到南京就职。5月北上就任北京教育部部员。现存的二十四本日记中的第一本也就是从到北京工作后，开始记日记，一直写到1936年10月18日，他去世前一天。《鲁迅日记》1994年被国家文物鉴定委员会专家小组定为国家一级文物。

1934年至1936年的鲁迅日记，逐年、逐月、逐日记录了鲁迅与萧红、萧军的交往经历，有关萧红的书写有多条。虽然很多都是短短的一句："得悄吟信并稿二篇，即复。""悄吟及萧军来。"其中确储存了大量鲁迅帮助青年作家成长的故事和伟大奉献精神，因这一题材的特殊性，往往具有手稿、书信等其他文献所不具备的史料价值。日记里有他们寄给鲁迅第一封信的留痕，有到鲁迅家做客的记录，有在鲁迅的推介下，他们的朋友圈不断扩大的脉络，最后以《生死场》《八月的乡村》和上海读者结识，并成为中国现代文学作品中的经典之作。

鲁迅非常注重对"日记"的研究，在他的藏书中就有十几种，如李慈铭的《越缦堂日记补》、袁中道的《袁小修日记》、徐炳昶的《徐旭生西游日记》、郑振铎的《欧行日记》，还有外国作家的日记，如弗洛伊德的《少女日记》、马克·吐温的《夏娃日记》等，鲁迅还在

《孔另境编〈当代文人尺牍钞〉序》中说“所以从作家的日记或尺牍上，往往能得到比看他的作品更其明晰的意见，也就是他自己的简洁的注释”。不过也不能十分当真。

## 1. 1934年鲁迅日记

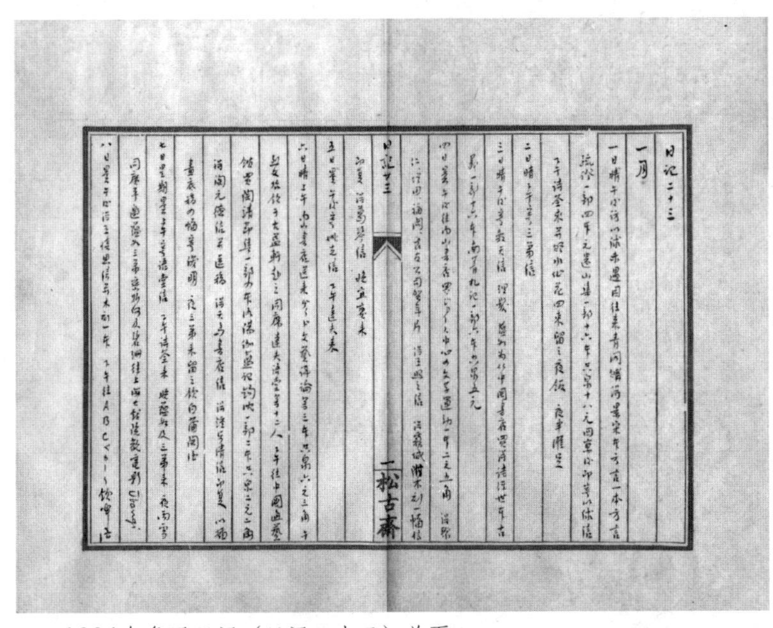

1934年鲁迅日记（日记二十三）首页

10月9日：“得萧军信，即复。”

11月3日：“得萧军信，即复。”

5日：“得萧军信，即复。”

9日：“得萧军及悄吟信。”

12日：“复萧军及悄吟信。”

14日：“得萧军及悄吟信。”

17日：“上午复萧军信。”

20日：“得萧军信。……复萧军信。”

27日：“寄萧军信。”

28日：“得萧军信，即复。”

30日：“萧军、悄吟来访。”

12月2日：“得萧军信。”

4日：“得萧军信。”

6日：“复萧军信。”

10日：“得萧军信，下午复，并寄《桃色的云》《小约翰》《竖琴》《一天的工作》各一本。”

14日：“得萧军信。”

19日：“晚在梁园邀客饭，谷非夫妇未至，到者萧军夫妇、耳耶夫妇、阿紫、仲方及广平、海婴。”

20日：“寄萧军信。”

23日：“得萧军信。”

26日：“得萧军信，即复。”

## 2. 1935年鲁迅日记

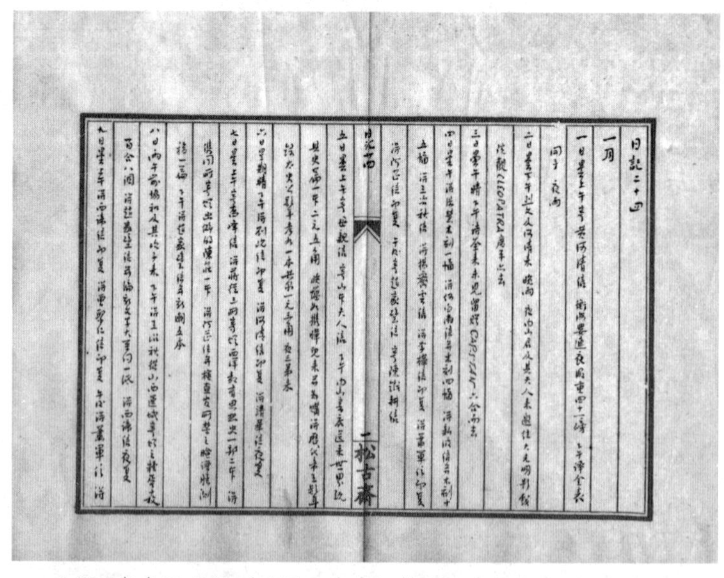

1935年鲁迅日记（日记二十四）首页

1月4日："得萧军信，即复。"

9日："午后得萧军信。"

21日："寄萧军信。"

23日："得萧军信。"

26日："得萧军信。"

29日："夜复萧军信。"

2月3日："得萧军及悄吟信并小说稿。"

9日："上午复萧军信。"

11日："午得萧军信。"

12日："得萧军信，即复。"

26日："寄郑伯奇信并萧军三篇。"

3月1日："得萧军信，即复。"

5日："上午得萧军信并稿三篇。晚约阿芷、萧军、悄吟往桥香夜饭，适河清来访，至内山书店又值聚仁来送《芒种》，遂皆同去，并广平携海婴。"

8日："上午寄望道信并稿一，又萧军稿一。"

14日："上午得萧军信，午复。"

17日："得悄吟信并稿二篇，即复。"

19日："得萧军信并金人译稿一篇。"

20日："上午复萧军信。"

25日："得萧军信。"

26日："午后复萧军信。"

4月2日："得萧军信，夜复。"

4日："得萧军信，即复。"

9日："得萧军信。"

13日："上午复萧军信。"

18日："得萧军信。"

23日："复萧军信。"

25日："夜寄萧军信。"

27日："得萧军信。"

29日："上午复萧军信并文学社稿费单一纸。"

5月1日："得萧军信。"

2日："上午同广平携海婴往拉都路访萧军及悄吟，在盛福午饭。"

6日："上午寄河清信并短篇三篇，悄吟稿一篇。"

8日："得萧军信。"

12日："得萧军信。"

9日："上午复萧军信。"

22日："寄萧军信并泉卅……下午得萧军信。"

23日："午后得萧军信并面包圈五个，黑面（包）一个，香肠一条。"

27日："得萧军信并稿。"

29日："得萧军信。"

6月3日："上午寄刘军信并金人及悄吟稿费单各一纸……得萧军信。"

6日："得萧军信。"

7日："复萧军信。"

14日："得伯齐信并萧军稿费单。"

15日："寄萧军信并稿费单及《新小说》（四）两本。"

18日："得萧军信。"

22日："上午以金人稿费单寄萧军。"

23日："得萧军信并悄吟稿。"

24日："得萧军信。"

27日："得萧军信，即复。"

7月2日："上午寄望道信并稿二篇，又悄吟稿一篇。寄郑伯奇信并萧军、悄吟、赖少麒稿各一篇……得萧军信。"

6日："得萧军信。"

15日："得萧军信。"

16日："复萧军信。"

20日："上午得萧军信。"

27日："复萧军信。"

29日："得萧军信，即复。"

8月12日："得萧军信，小说稿二篇。"

17日："上午复萧军信并还金人译稿一篇。"

22日："晚得萧军信并书一包。"

24日："复萧军信。"

9月1日："得萧军信。"

2日："上午复萧军信。"

6日："寄黄河清信并《译文》稿一篇，又萧军小说稿一篇。"

11日："寄张莹信。"

13日："得萧军信。"

16日："寄张莹信。"

19日："得张莹信，即复。"

21日："得萧军信。河清来，付以萧军小说稿。"

10月2日："寄刘军信并文学社稿费单一纸。"

3日："得萧军信，晚复。"

7日："上午得萧军信。"

20日："下午得萧军及悄吟信，晚复。"

27日："午后同广平携海婴访萧军夫妇，未遇，遂至融光大戏院观《漫游兽国记》，次至新雅夜饭。"

29日："得萧军信，即复。"

11月5日："寄萧军信。"

6日："晚邀刘军及悄吟夜饭。"

11日："下午得萧军信。"

15日："寄萧军信并《生死场》小序一篇。"

16日："得萧军信及悄吟信，夜复。"

28日："张莹及其夫人来。"

12月15日："晚张莹及其夫人来。"

30日："张莹及其夫人来。"

## 3. 1936年鲁迅日记

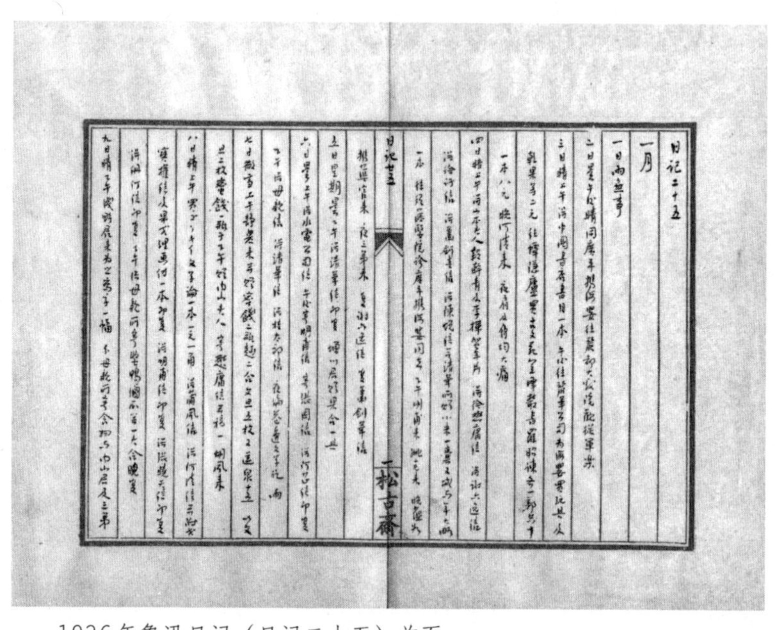

日记二十五

一月

一日雨无事

1936年鲁迅日记（日记二十五）首页

1月14日："得曹聚仁寄萧军信，即转寄。"

19日："晚同广平携海婴往梁园夜饭，并邀萧军等，共十一人。《海燕》第一期出版，即日售尽二千部。"

22日："晚悄吟持萧军信来。"

25日："下午张莹及其夫人来。"

26日："下午张莹来。"

31日："夜悄吟来并赠《羊》一本，赠以《引玉集》及《故事新编》各一本。”

2月7日：“晚悄吟来。夜萧军来。”

10日：“下午寄萧军小稿二。”

12日：“萧军来。”

15日：“寄张莹信。”

16日：“晚悄吟、萧军来。”

21日：“萧军来。”

23日：“寄萧军信。……夜萧军、悄吟来。”

26日：“晚萧军、悄吟来。”

3月2日：“晚悄吟来。萧军来。”

3日：“午萧军来。”

4日：“午后悄吟及萧军来。”

8日：“萧军来。”

9日：“悄吟及萧军来。”

11日：“晚悄吟及萧军来。”

14日：“两萧来。”

20日：“晚萧军及悄吟来。”

23日：“午后明甫来，萧军、悄吟来；下午史女士及其友来；并各赠花，得孙夫人信赠糖食三种，茗一匣。”

25日：“夜萧军、悄吟来。”

28日：“萧军及悄吟来……邀萧军、悄吟、蕴如、蕖官、三弟及广平携海婴同往丽都影戏院观《绝岛沉珠记》下集。”

30日：“下午以萧军稿寄明甫。”

4月3日：“萧军、悄吟来，制葱油饼为夜餐。”

11日：“晚萧军、悄吟来。蕴如携阿菩来。河清来。夜三弟来。饭后邀客人及广平携海婴同往光陆戏院观《铁血将军》。”

13日：“萧军、悄吟来。饭后邀三客并同广平往上海大戏院观《Chapayev》。”

7月7日："萧军还泉五十。"

15日："晚广平治馔为悄吟饯行。"

25日："刘军来。"

8月10日："上午得萧军信。"

10月14日："萧军来并赠《江上》及《商市场（街)》各一本。"

# 三、文稿

《萧红作〈生死场〉序》是鲁迅创作的序跋之一，是一篇极具时代感和审美点评式的散文。鲁迅在序中说：“这自然还不过是略图，叙事和写景，胜于人物的描写，然而北方人民的对于生的坚强，对于死的挣扎，却往往已经力透纸背；女性作者的细致的观察和越轨的笔致，又增加了不少明丽和新鲜。”

骆宾基《萧红小传》手稿至今未曾发表过，从文末“就以上各点请先生撰一题记以备刻石，并请将与先生之友谊写入”句中可以断定是写给萧军的。骆宾基是萧红生命中最后守候她的男人，萧红对于文学艺术的深刻理解和执着的追求，深深打动了他，并促使他走上了文学创作的道路，早期创作有报告文学作品《大上海的一日》《东战场别动队》。20世纪40年代又创作了中篇小说《吴非有》。

## 1. 鲁迅《萧红作〈生死场〉序》

释文：

### 萧红作《生死场》序

鲁　迅

记得已是四年前的事了，时维二月，我和妇孺正陷在上海闸北的火线中，眼见中国人的因为逃走或死亡而绝迹。后来仗着几个朋友的帮助，这才得进平和的英租界，难民虽然满路，居人却很安闲。和闸北相距不过四五里罢，就是一个这么不同的世界，——我们又怎么会想到哈尔滨。

这本稿子的到了我的桌上，已是今年的春天，我早重回闸北，周围又复熙熙攘攘的时候了。但却看见了五年以前，以及更早的哈尔滨。这自然还不过是略图，叙事和写景，胜于人物的描写，然而北方人民的对于生的坚强，对于死的挣扎，却往往已经力透纸背；女性作者的细致的观察和越轨的笔致，又增加了不少明丽和新鲜。精神是健全的，就是深恶文艺和功利有关的人，如果看起来，他不幸得很，他也难免不能毫无所得。

听说文学社曾经愿意给她付印，稿子呈到中央宣传部书报检查委员会那里去，搁了半年，结果是不许可。人常常会事后才聪明，回想起来，这正是当然的事：对于生的坚强和死的挣扎，恐怕也确是大背“训政”之道的。今年五月，只为了《略谈皇帝》这一篇文章，这一个气焰万丈的委员会就忽然烟消火灭，便是“以身作则”的实地大教训。

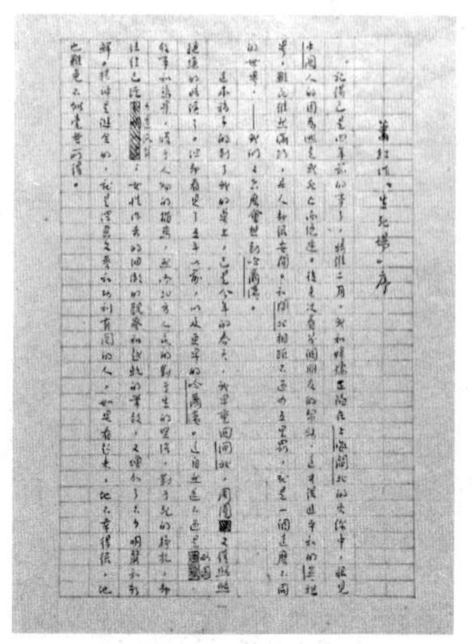

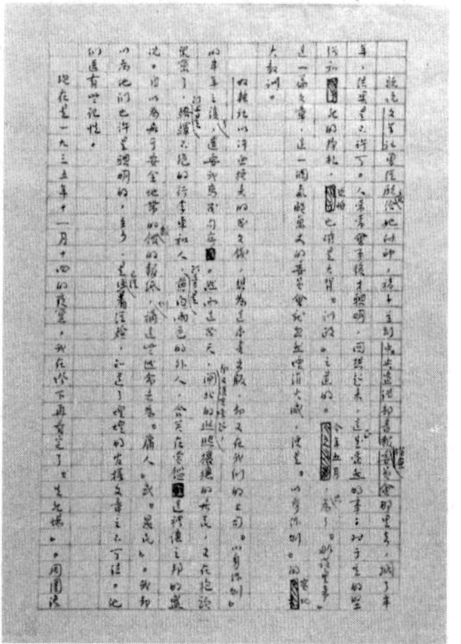

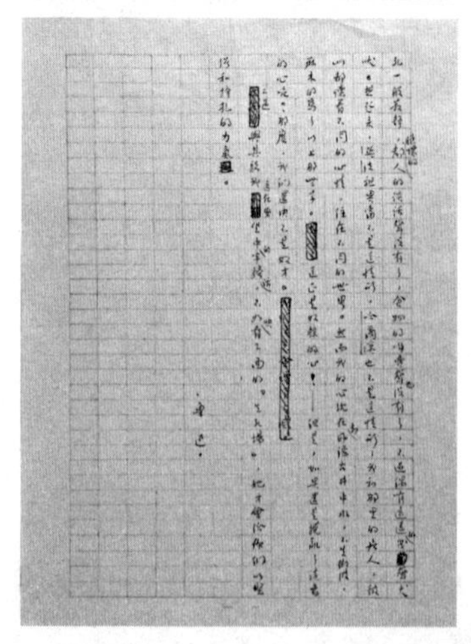

《萧红作〈生死场〉序》，鲁迅，1935年11月14日，28.7cmx21cm，共3页，最早发表于萧红长篇小说《生死场》，后收入《且介亭杂文二集》

奴隶社以汗血换来的几文钱，想为这本书出版，却又在我们的上司“以身作则”的半年之后了，还要我写几句序。然而这几天，却又谣言蜂起，闸北的熙熙攘攘的居民，又在抱头鼠窜了，路上是骆驿不绝的行李车和人，路旁是黄白两色的外人，含笑在赏鉴这礼让之邦的盛况。自以为居于安全地带的报馆的报纸，则称这些逃命者为“庸人”或“愚民”。我却以为他们也许是聪明的，至少，是已经凭着经验，知道了煌煌的官样文章之不可信。他们还有些记性。

现在是一九三五年十一月十四的夜里，我在灯下再看完了《生死场》。周围像死一般寂静，听惯的邻人的谈话声没有了，食物的叫卖声也没有了，不过偶有远远的几声犬吠。想起来，英法租界当不是这情形，哈尔滨也不是这情形；我和那里的居人，彼此都怀着不同的心情，住在不同的世界。然而我的心现在却好像古井中水，不生微波，麻木的写了以上那些字。这正是奴隶的心！——但是，如果还是搅乱了读者的心呢？那么，我们还决不是奴才。

不过与其听我还在安坐中的牢骚话，不如快看下面的《生死场》，她才会给你们以坚强和挣扎的力气。

鲁迅。

## 2. 骆宾基《萧红小传》

释文：

**萧红小传**

骆宾基

萧红，呼兰人，生于民国纪元前一年。家为大地主。父为县教育局长。与马占山友善。红幼而聪颖，生母早逝，与祖父形影相依（与父不合）。祖父且任其所纵。故天资益放。就学哈尔滨女中，与一女友皆急进小说“涓涓”（萧军作）盖写实也。旋去平学画，曾加入共

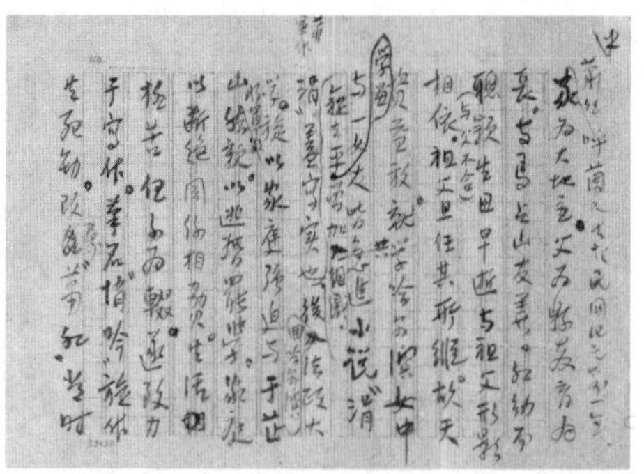

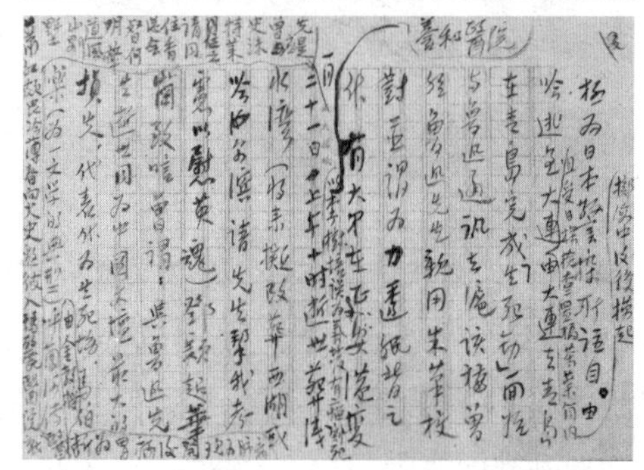

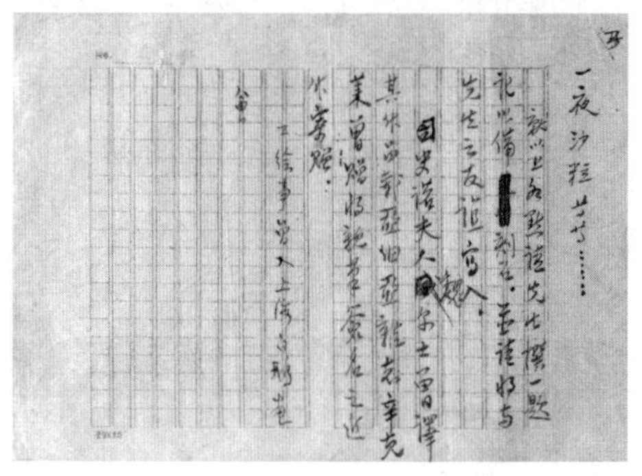

骆宾基作《萧红小传》，共3页

组织。后入法政大学。旋以家庭强迫与于芷山将军家结亲（回哈尔滨）。以逃婚罢学。家庭以断绝关系相胁。生活极苦，任学为辍。遂致力于写作，笔名“悄吟”。旋作《生死场》，改署“萧红”。当时极为日本警探所注目。由哈逃至大连，且受日探检查，置稿茶叶筒内，掷海中后复捞起，由大连去青岛。在青岛完成《生死场》。开始与鲁迅通讯。去沪。该稿曾经鲁迅先生亲用朱笔校对，并谓为力透纸背之作，有大弟在延安。港变。先是曾应史沫特莱之请，同住香港会督何明华道风山别墅。萧红颇畏冷薄，薄春向火，史邀彼入玛丽医院就医，由金教授断为胃病，后发现为肺病。以养和医院李树培误为气管有瘤割死。一月二十一日上午十时逝世，葬浅水湾（将来拟改葬西湖或哈尔滨请先生帮我考虑以慰英魂）。邓颖超、华岗致唁，曾谓：与鲁迅先生逝世同为中国文坛最大的损失，代表作为《生死场》、《马伯乐》（为一文学的典型）、《呼兰河传》《一夜》《沙粒》等等……

就以上各点请先生撰一题记以备刻石。并请将与先生之友谊写入。

史诺夫人魏尔士曾译其作品，载《亚细亚杂志》。辛克莱曾（赠）将亲笔签名之近作寄赠。

工绘事曾入上海白鹅画会。

## 3. 梅志《萧红故居印象》

释文:

### 萧红故居印象

梅　志

从哈尔滨坐了二三小时的汽车，才到呼兰县，进城大约走不久就看到路边有小牌萧红故居。司机一打听是走一条相当宽大的巷子里。

从一条巷进去，有一间办公室的，在那里能买五元钱一张的门票。我们一共五人，算是为故居贡献了二十五元。本来我是想买一束鲜花的，可惜哈尔滨我不熟，没有找到鲜花，到这里我更找不到了。

走进厅堂，看原来这是正厅。中悬萧红十七八岁时的素描肖像，有一尺宽一尺半长。笔画不多，看不了像与不像。从脸型上看是不像。面部是瓜子脸型。而萧红我见她时是长方型的脸，再者，它左下面是萧军和萧红的双人照，放大到和真人差不多，这可能是他们同居后在上海照的，那时是他们创作的高潮，已是名作家了。但两个人都精神抖爽，表现都是沉浸在欢快中，应是他们一生中最欢快的照片了。

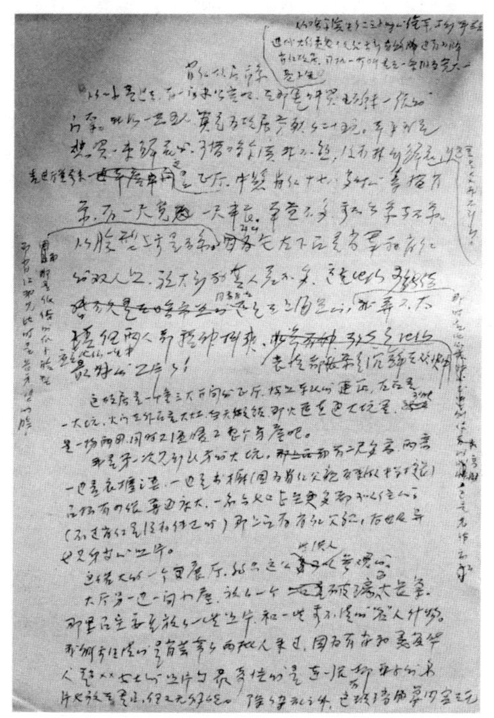

这故居是一幢三大开间

的正厅，按照东北的建筑，右面是一大炕，火门在外面，是大灶，白天做饭，那火道直通大炕里，可能是一物两用，同时又温暖了整个房屋吧。

我是第一次见到北方的大炕。有二尺多高，两旁一边是衣柜之类，一边是书橱（因为萧红父亲后来做中学校长），面积有四张普通床大，一家六七口甚至更多都可以住的（不过萧红是没有住过的），那上面有萧红父亲、后母及异母兄弟等的照片。

这偌大的一个展厅，就只这么些供人参观的。

大厅另一边一间小屋，放了一个玻璃面大长桌。那里面主要是放了一些照片，和一些看不清的“名”人什物。我能看得清的是萧芸（耘）带了两批人来过，因为有萧和美籍华人赵××女士的照片等，最奇怪的是连一张柳亚子的名片也放在里面，但又无解说。除了杂乱之外，这有玻璃的桌内实在无……

编者注：根据张晓风编著的《梅志年表简编》：“2000年8月，由晓谷夫妇陪同，去哈尔滨旅游。在此期间，曾专程到呼兰县萧红故居参观访问，纪念这位与她有着友谊的天才女作家。”本文即为梅志参观后所写的札记底稿，未定稿，未发表。曾专门写过一篇纪念萧红的文章《“爱”的悲剧——忆萧红》。

# 四、藏书

藏书单元分为三个部分：第一部分是鲁迅藏书，即萧红寄赠鲁迅的著作四种和鲁迅收藏的刊登萧红文章的杂志。在上海，鲁迅为了两个漂泊者四处寻找能刊发他们文章的杂志，他们的文稿陆续发表在《太白》《海燕》《中流》等杂志上，在十里洋场的上海很快站稳了脚跟，萧红说“只有他才安慰着两个漂泊的灵魂”。第二部分是萧红、萧军的早期藏书十六种三十八册，书虽少，但涉及的内容很多，有古代文学、外国文学、艺术类和学外语的工具书。这些藏书一方面凸显了他们的文学成就，一方面反映这些书在他们的创作过程中产生了不可低估的作用。最后一部分是从期刊上撕下的散页。对两萧的藏书研究，至今还是个空白。

## 1. 鲁迅所藏萧红书

《跋涉》，萧红、萧军以笔名悄吟、三郎于1933年10月自费在哈尔滨五画印行出版，印数一千册。鲁迅藏书。书中收有悄吟的《王阿嫂的死》《广告副手》《小黑狗》《看风筝》《夜风》五篇小说和小诗

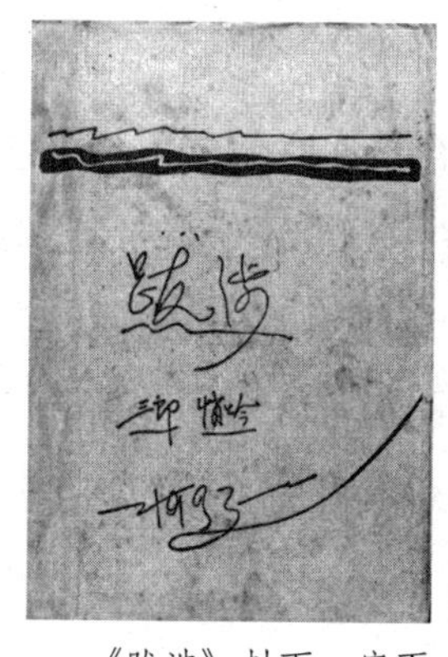

《跋涉》封面、扉页

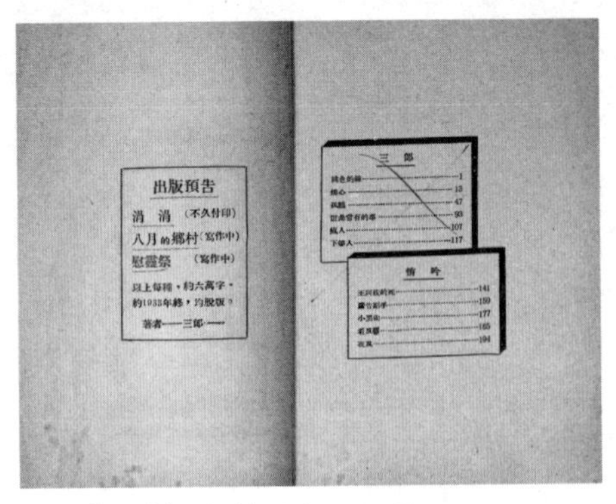

出版預告

涓 涓 （不久付印）
八月的鄉村（寫作中）
慰靈祭 （寫作中）
以上每種，約六萬字，
約1933年終，均脫版。
著者——三郎——

三 郎

悄 吟

《跋涉》出版预告、目录

《春曲》之一。三郎的《桃色的线》《烛心》《孤雏》《这是常有的事》《疯人》《下等人》六篇小说。扉页背面印有萧军的出版广告。

出版预告

涓涓（不久付印）
八月的乡村（写作中）
慰灵祭（写作中）
以上每种，约六万字。
约1933年终，均脱版。
著者——三郎——

这本书的出版，在当时的东北引起了很大反响，受到读者的广泛好评，也为萧红继续从事文学创作打下了坚实的基础。萧红、萧军接到鲁迅的第一封信后，就把他们从哈尔滨带出来的这本书和《生死场》手稿随信寄给鲁迅。王观泉先生在《萧红和东北作家群体的命运》一文中说："《跋涉》一书据姜德明等版本学者估计，存世量不会超过四册。萧军的藏本也是他在1946年抗战胜利从延安再次回到哈尔滨后在旧书摊上获得的……"可见这本书的珍贵与价值。

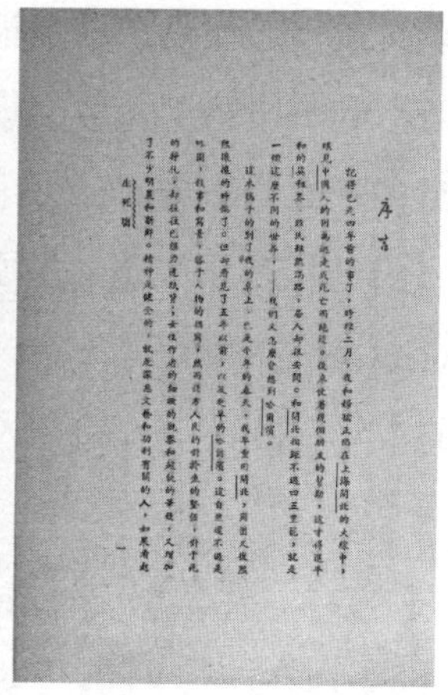

序言

記得已經是四年前的事了，時維二月，我和婦孺正陷在上海閘北的火線中，眼見中國人的因爲逃走或死亡而絕跡。後來仗着幾個朋友的幫助，這才得進平和的英租界，難民雖然滿路，居人卻很安閑。和閘北相距不過四五里罷，就是一個這麼不同的世界，——我們又怎麼會想到哈爾濱。

這本稿子的到了我的桌上，已是今年的春天，我早重回閘北，周圍又復熙熙攘攘的時候了。但卻看見了五年以前，以及更早的哈爾濱。這自然還不過是略圖，敘事和寫景，勝於人物的描寫，然而北方人民的對於生的堅強，對於死的掙扎，卻往往已經力透紙背；女性作者的細致的觀察和越軌的筆致，又增加了不少明麗和新鮮。精神是健全的，就是深惡文藝和功利有關的人，如果看起

一

《生死场》封面和序言

《生死场》，萧红，中篇小说，《奴隶丛书》之一，1935年12月奴隶社出版，假托“上海容光书局”发行。鲁迅藏书。1934年11月，萧红、萧军离开青岛来到上海，得到鲁迅热切的关爱。萧红把在青岛完成的《生死场》寄给鲁迅。在无法公开出版的困境中，鲁迅筹划成立了“奴隶社”，出版了《生死场》《八月的乡村》（署名田军）和叶紫的《丰收》，鲁迅为三本书相继作序，《生死场》还有胡风《读后记》。

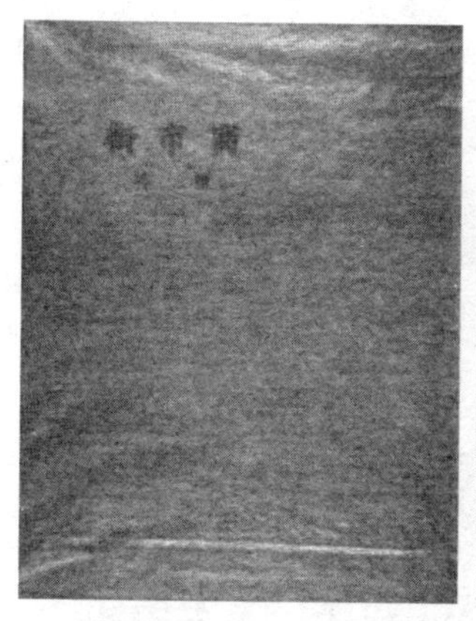


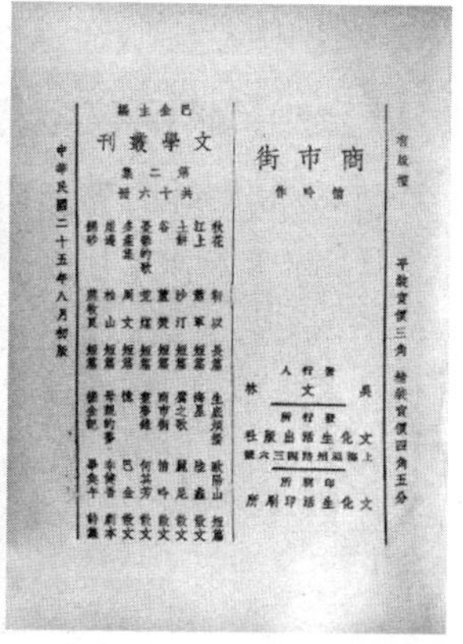

有版權

平裝實價三角 精裝實價四角五分

商市街

悄吟作

發行人 吳文林

發行所 文化生活出版社 上海福州路四三六號

印刷所 文化生活印刷所

巴金主編

文學叢刊

第二集 共十六冊

秋花 靳以 長篇
江上 蕭軍 短篇
土餅 沙汀 短篇
谷 蘆焚 短篇
憂鬱的歌 荒煤 短篇
多產集 周文 短篇
[illegible] [illegible]山 短篇
鋼砂 蕭乾 短篇
生底煩惱 歐陽山 短篇
海星 陸蠡 散文
鷹之歌 麗尼 散文
商市街 悄吟 散文
畫夢錄 何其芳 散文
憶 巴金 散文
母親的夢 李健吾 劇本
掘金記 畢奐午 詩集

中華民國二十五年八月初版

《商市街》封面和版权页

《商市街》，悄吟著，散文集，1936年8月文化生活出版社初版。鲁迅藏书。这是一本属于萧红自己的故事，也是她最早描述哈尔滨市

井生活和人文景观的作品，书中记忆了萧红闯荡文坛与萧军共同生活在道里商市街的一段经历，散文集虽然只有短短的六七万字，却描述了他们丰富多彩的芳华岁月，书出不到一个月又再版。美国学者葛浩文在他的《萧红传》中写道：“书中的许多篇章几乎可与同时出版的奥威尔（George Orwell，英国作家）的《巴黎伦敦受困记》中一个一文不名的青年在欧洲受难的真人实事的情节相比。”

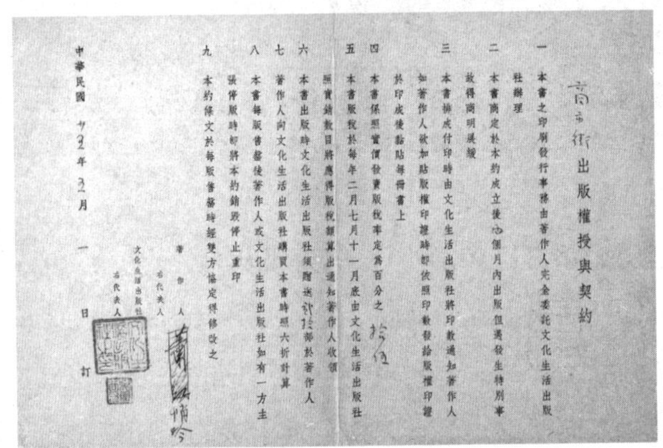
商市街出版權授與契約

一　本書之印刷發行事務由著作人完全委託文化生活出版社辦理
二　本書商定於本約成立後六個月內出版但遇發生特別事故得商明展緩
三　本書排成付印時由文化生活出版社將印數通知著作人如著作人欲加貼版權印證時即依照印數發給版權印證於印成後黏貼每冊書上
四　本書係照實價發賣版稅率定為百分之拾伍
五　本書版稅於每年二月七月十一月底由文化生活出版社照實銷數目將應得版稅額算出通知著作人收領
六　本書出版時文化生活出版社須贈送貳拾部於著作人
七　著作人向文化生活出版社購買本書時照六折計算
八　本書每版售罄後著作人或文化生活出版社如有一方主張停版時即將本約銷毀停止重印
九　本約條文於每版售罄時經雙方協定得修改之

著作人　右代表人　悄吟
文化生活出版社　右代表人

中華民國廿五年五月一日訂

1936年5月1日《商市街》出版权授与契约

《桥》，悄吟著，小说、散文集，上海期间创作，13篇作品，1936年11月文化生活出版社出版。这是继《商市街》后，萧红的又一部力作。此书收入巴金主编的《文学丛刊》第三集。

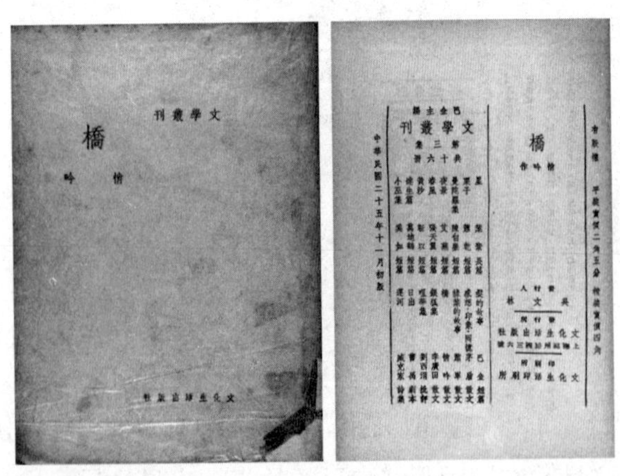


《桥》封面和版权页

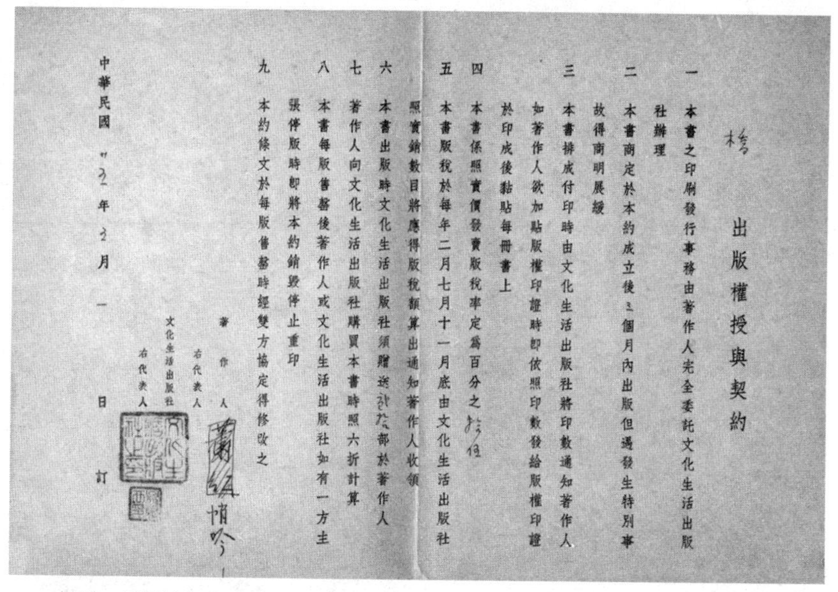

橋

出版權授與契約

一 本書之印刷發行事務由著作人完全委託文化生活出版社辦理

二 本書商定於本約成立後三個月內出版但遇發生特別事故得商明展緩

三 本書排成付印時由文化生活出版社將印數通知著作人如著作人欲加貼版權印證時即依照印數發給版權印證於印成後黏貼每冊書上

四 本書係照實價發賣版稅率定為百分之拾伍

五 本書版稅於每年二月七月十一月底由文化生活出版社照實銷數目將應得版稅額算出通知著作人收領

六 本書出版時文化生活出版社須贈送拾部於著作人

七 著作人向文化生活出版社購買本書時照六折計算

八 本書每版售罄後著作人或文化生活出版社如有一方主張停版時即將本約銷毀停止重印

九 本約條文於每版售罄時經雙方協定得修改之

著作人 右代表人 悄吟

文化生活出版社 右代表人

中華民國 廿五 年 五 月 一 日 訂

《桥》出版授权与契约，1936年5月1日

期刊：

《太白》期刊集照

《太白》，半月刊，陈望道编辑，1934年9月20日创刊，1935年9月5日终刊，上海生活书店发行，共出二十四期，鲁迅藏全套。第一卷第二期上刊登了鲁迅的《门外文谈》，署名华圉。在鲁迅的推荐下，第一卷第十二期刊登了萧红的文章《小六》，第二卷第十期登了萧红的散文《三个无聊人》。

《太白》期刊集照

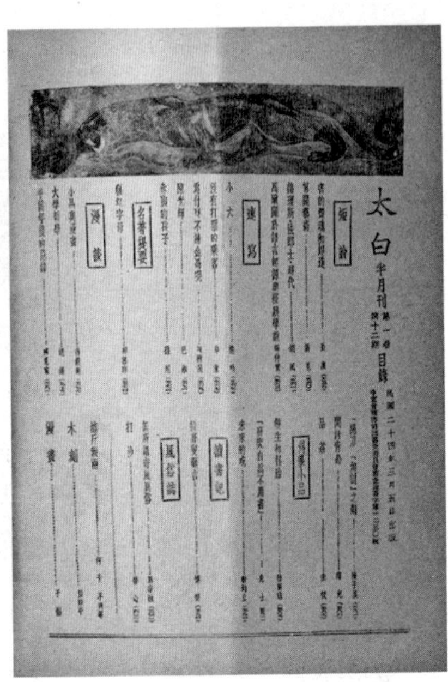


《小六》，悄吟（萧红），散文，刊于1935年3月5日《太白》第一卷第十二期。收入《萧红散文》时改名为《搬家》

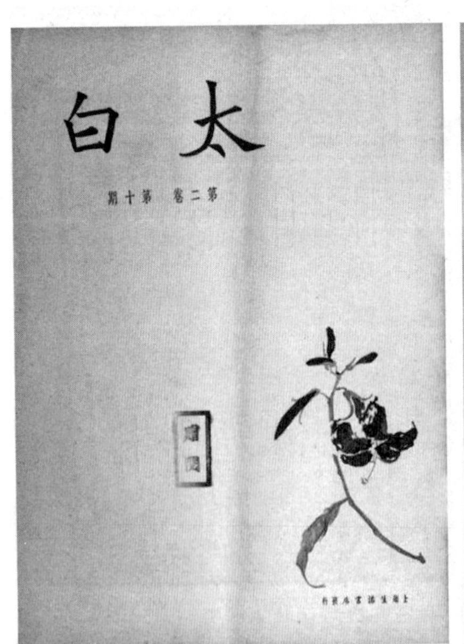

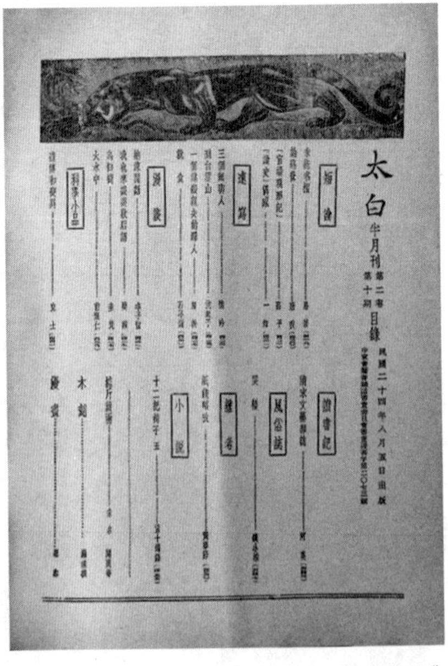


《三个无聊人》，悄吟（萧红），散文，1935年8月5日发表于上海《太白》第二卷第十期

《海燕》

《海燕》，月刊，1936年1月20日创刊，胡风、萧军、聂绀弩等编辑，鲁迅题写刊名，上海海燕文艺社出版。同年2月20日终刊。共出两期。鲁迅藏书。鲁迅发表多篇文章，如历史小说《出关》，散文《阿金》，杂文《“题未定”草》（六一九）等。《海燕》第1期出版的当日，销售了两千册，萧红散文《访问》刊出，为了庆祝这一成绩，胡风、萧军、聂绀弩等编辑与鲁迅一家一起在梁园豫菜馆设宴庆贺。

《中流》，半月刊。黎烈文主编，1936年9月5日创刊于上海，上海杂志公司发行。1937年8月5日出版第二卷第十期后停刊。它是有较大影响的左翼文学刊物。萧红在日本居住期间写下的散文《孤独的生活》刊登在创刊号上，署名悄吟。创作于1936年9月20日的短篇小说《王四的故事》发表于上海《中流》第一卷第二期，署名萧红。

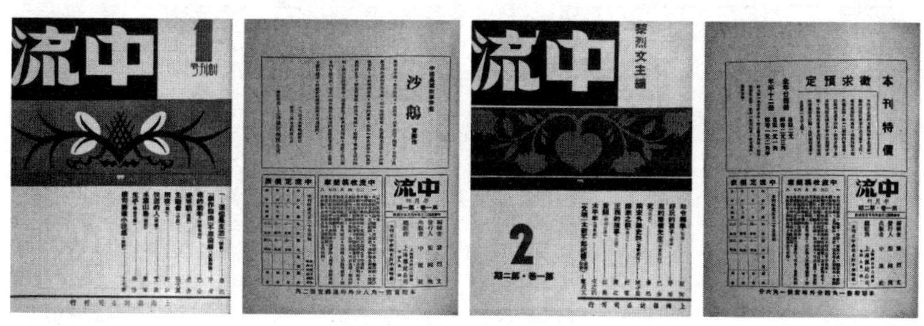

《中流》

## 2. 萧红萧军藏书

古典文学书：

《毛诗注疏》，毛亨著，郑玄笺，孔颖达疏。四册。1936年1月、7月，商务印书馆初版。民国时期文学爱好者使用的国学基本丛书。

《毛诗注疏》(一)

《毛诗注疏》(二)

《毛诗注疏》(三)

《毛诗注疏》(四)

外国文学书：

《铁中人》，［德］海涅里希莱尔斯（或亨利希勒爱尔氏），1925年，德柏林和莱比锡斯特图加出版社初版。

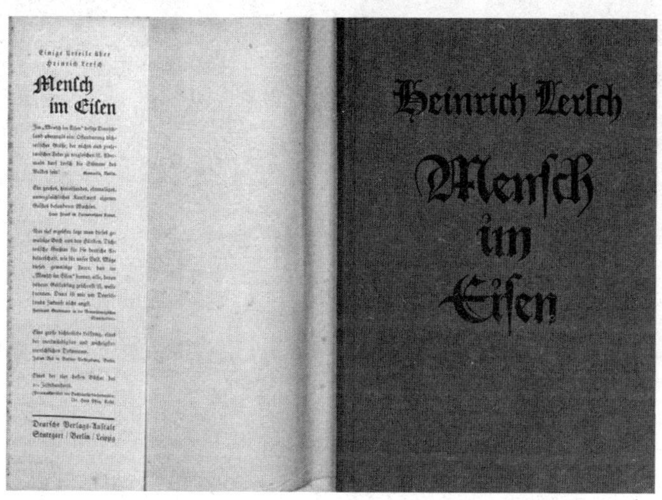


《铁中人》

《法兰西短篇杰作集》（二），沙都勃易盎等，水沫社编译，1929年，上海现代书局。

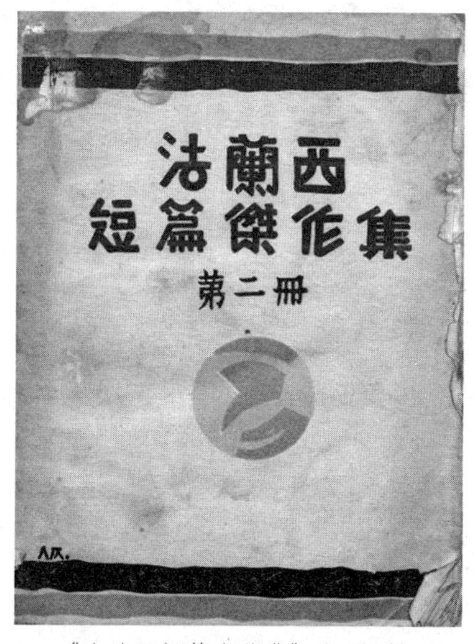


《法兰西短篇杰作集》（二）封面

《国际文学》，英文，1—3期。苏联莫斯科国家文学艺术出版社，1937年。

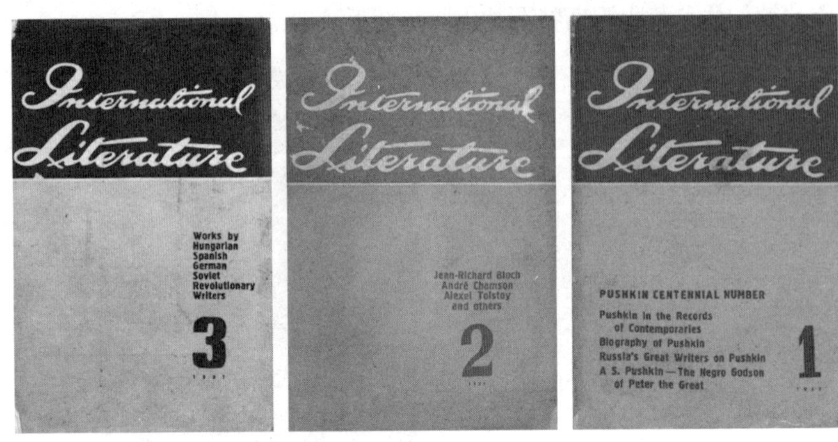


《国际文学》（英文版）1937年1-3期封套

《革命故事》，[俄] 阿尔志跋绥夫，1909年，德国慕尼黑莱比锡乔治慕勒尔出版。

《革命故事》（德文版）1909年封面

艺术类书籍：

《十九世纪法国画集》，苏聂著，二册，巴黎拉鲁斯出版社出版。

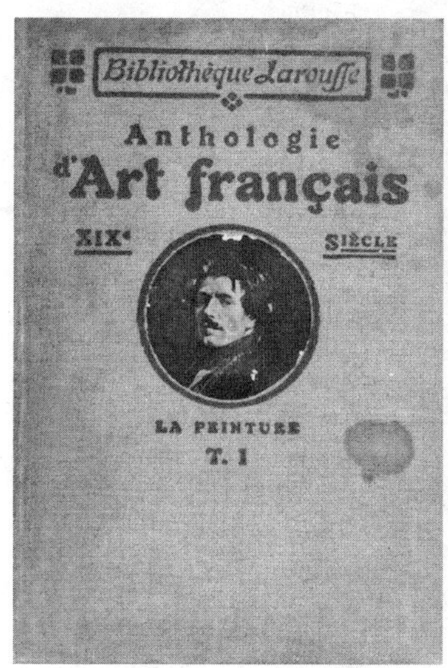


《十九世纪法国画集》（一）

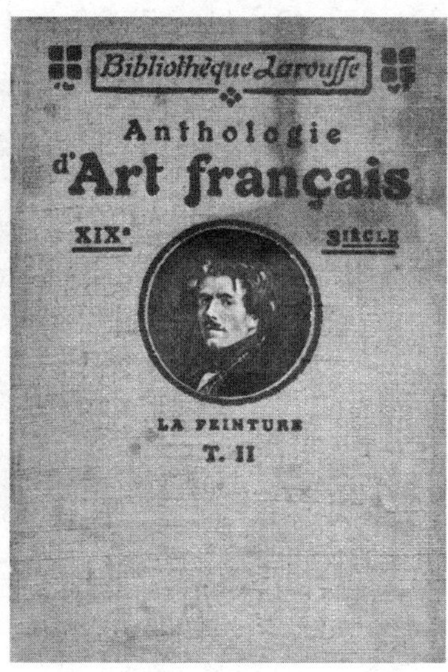


《十九世纪法国画集》（二）

《一个人的受难》木刻连环画，［比利时］麦绥莱勒，1927年，［德］慕尼黑沃尔夫出版社。

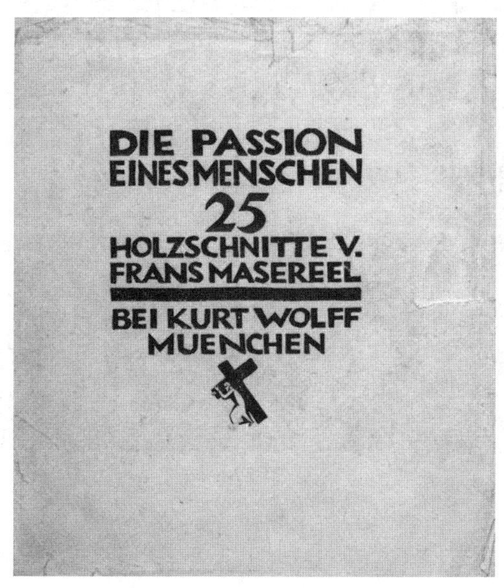


《一个人的受难》封面

《学徒艺术》画集，德国莱比锡，1920年，柏林格林克哈顿和贝尔玛出版社。画集共有17册，分别为1、2、5、11、13、16、25/26、29、32、37、42、44、47、48、52、53、56期。

《学徒艺术》画集集照

其他类书：

《朝鲜满洲旅行案内》，［日本］三省堂旅行案内部编，1936年4月10日，株式会社三省堂。

《朝鲜满洲旅行案内》封面、内页

工具书：

《英汉求解作文文法辨义四用辞典》，詹文浒编，1936年8月，上海世界书局再版。

《英汉求解作文文法辨义四用辞典》封面、书脊、封底

《怎样学习英语》，开仁，1934年，上海南强书局出版。

《怎样学习英语》封面

《活的英文法》，詹文浒编，1934年，上海世界书局出版。

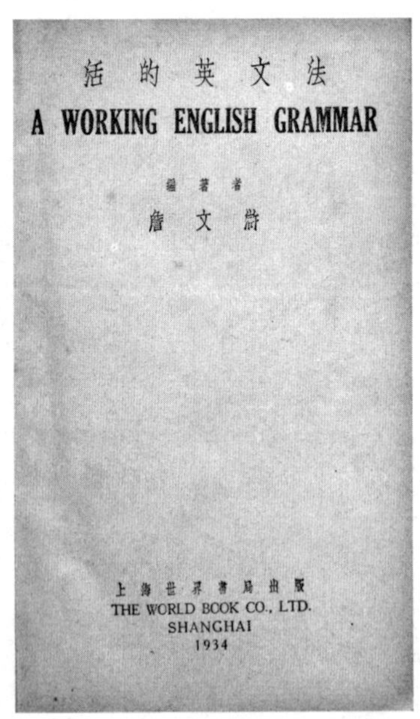
活的英文法
A WORKING ENGLISH GRAMMAR
編著者
詹文滸
上海世界書局出版
THE WORLD BOOK CO., LTD.
SHANGHAI
1934

《活的英文法》扉页

《英汉合译纳氏文法表解》，沈元鼎编，1923年，上海群益书社出版。

《英汉合译纳氏文法表解》封面

《英文最常用四千字表》，［美国］桑戴克氏编，1936年7月，上海鸿文书局出版。

《英文最常用四千字表》扉页

《前置词研究》，［日本］岩崎兵一郎编，1934年1月25日，伊藤太一印制，东京桔书店发行。

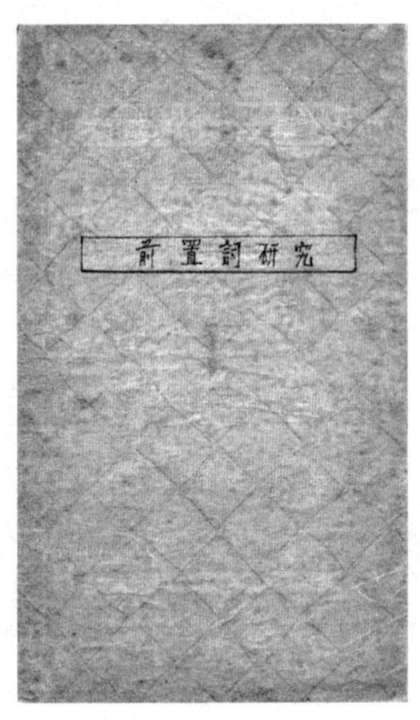


《前置词研究》封面

《俄文文法》，刘泽荣译，1936年9月，北平大学法商学院印刷部。

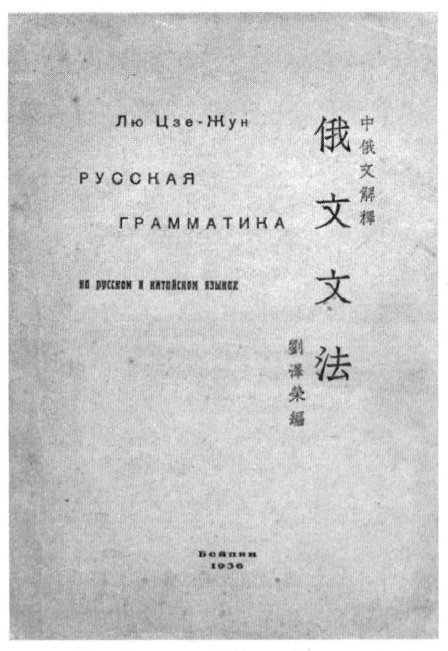


《俄文文法》封面

## 附录1：永久的憧憬和追求

散页：

《永久的憧憬和追求》，萧红，散文，1936年12月12日创作于日本，最初刊于1937年1月10日《报告》第1卷第1期。这是应斯诺主编《活的中国》而准备的一篇自我介绍的短文，但这本书后来未收录萧红的作品。1936年年底，萧军为友人费慎祥编杂志《报告》，向萧红约稿，萧红原想写一篇小说，未成，就把这篇自传体小文寄给萧军发表了。

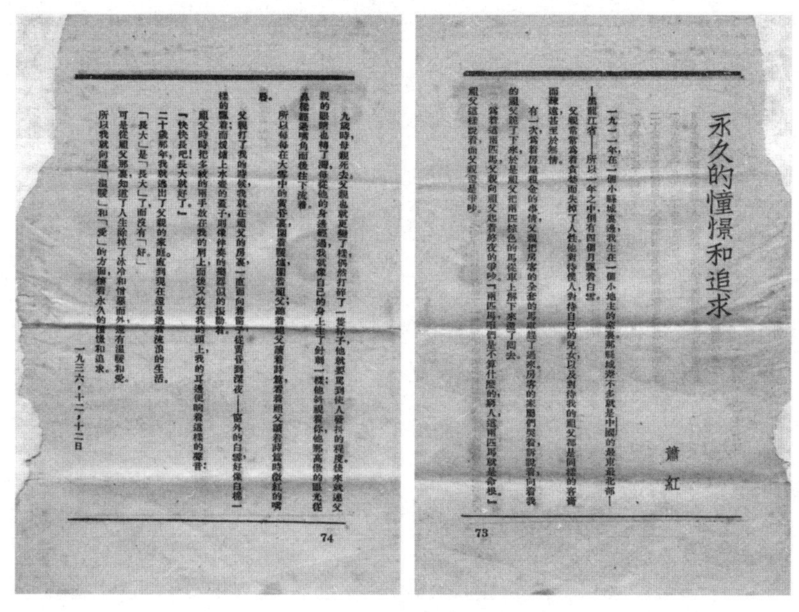

永久的憧憬和追求

蕭紅

一九一一年，在一個小縣城裏邊，我生在一個小地主的家裏。那縣城差不多就是中國的最東最北部——黑龍江省——所以一年之中，倒有四個月飄着白雪。

父親常常爲着貪婪而失掉了人性。他對待僕人，對待自己的兒女，以及對待我的祖父都是同樣的吝嗇而疏遠，甚至於無情。

有一次，爲着房屋租金的事情，父親把房客的全套的馬車趕了過來。房客的家屬們哭着，訴說着，向着我的祖父跪了下來，於是祖父把兩匹棕色的馬從車上解下來還了回去。

爲着這兩匹馬，父親向祖父起着終夜的爭吵。「兩匹馬，咱們是不算什麽的，窮人，這兩匹馬就是命根。」祖父這樣說着，而父親還是爭吵。

73

九歲時，母親死去。父親也就更變了樣，偶然打碎了一隻杯子，他就要罵到使人發抖的程度。後來就連父親的眼睛也轉了彎，每從他的身邊經過，我就像自己的身上生了針刺一樣；他斜視着你，他那高傲的眼光從鼻樑經過嘴角而後往下流着。

所以每每在大雪中的黃昏裏，圍着暖爐，圍着祖父，聽着祖父讀着詩篇，看着祖父讀着詩篇時微紅的嘴唇。

父親打了我的時候，我就在祖父的房裏，一直面向着窗子，從黃昏到深夜——窗外的白雪，好像白棉一樣的飄着；而暖爐上水壺的蓋子，則像伴奏的樂器似的振動着。

祖父時時把多紋的兩手放在我的肩上，而後又放在我的頭上，我的耳邊便響着這樣的聲音：

「快快長吧！長大就好了。」

二十歲那年，我就逃出了父親的家庭。直到現在還是過着流浪的生活。

「長大」是「長大」了，而沒有「好」。

可是從祖父那裏，知道了人生除掉了冰冷和憎惡而外，還有溫暖和愛。

所以我就向這「溫暖」和「愛」的方面，懷着永久的憧憬和追求。

一九三六，十二，十二日

74

释文：

### 永久的憧憬和追求

萧　红

一九一一年，在一个小县城里边，我生在一个小地主的家里。那县城差不多就是中国的最东最北部——黑龙江省——所以一年之中，倒有四个月飘着白雪。

父亲常常为着贪婪而失掉了人性。他对待仆人，对待自己的儿女，以及对待我的祖父都是同样的吝啬而疏远，甚至于无情。

有一次，为着房屋租金的事情，父亲把房客的全套的马车赶了过来。房客的家属们哭着诉说着，向我的祖父跪了下来，于是祖父把两匹棕色的马从车上解下来还了回去。

为着这两匹马，父亲向祖父起着终夜的争吵。“两匹马，咱们是算不了什么的，穷人，这两匹马就是命根。”祖父这样说着，而父亲还是争吵。

九岁时，母亲死去。父亲也就更变了样，偶然打碎了一只杯子，他就要骂到使人发抖的程度。后来就连父亲的眼睛也转了弯，每从他的身边经过，我就像自己的身上生了针刺一样；他斜视着你，他那高傲的眼光从鼻梁经过嘴角而后往下流着。

所以每每在大雪中的黄昏里，围着暖炉，围着祖父，听着祖父读着诗篇，看着祖父读着诗篇时微红的嘴唇。

父亲打了我的时候，我就在祖父的房里，一直面向着窗子，从黄昏到深夜——窗外的白雪，好像白棉花一样飘着；而暖炉上水壶的盖子，则像伴奏的乐器似的振动着。

祖父时时把多纹的两手放在我的肩上，而后又放在我的头上，我的耳边便响着这样的声音：

“快快长吧！长大就好了。”

二十岁那年，我就逃出了父亲的家庭。直到现在还是过着流浪的生活。

“长大”是“长大”了，而没有“好”。

可是从祖父那里，知道了人生除掉了冰冷和憎恶而外，还有温暖和爱。

所以我就向这“温暖”和“爱”的方面，怀着永久的憧憬和追求。

一九三六，十二，十二日

（署名萧红，刊于1937年1月10日《报告》第1卷第1期）

# 附录2：两朋友

《两朋友》，悄吟，散文，初刊于1937年5月10日《新少年》第三卷第九期。

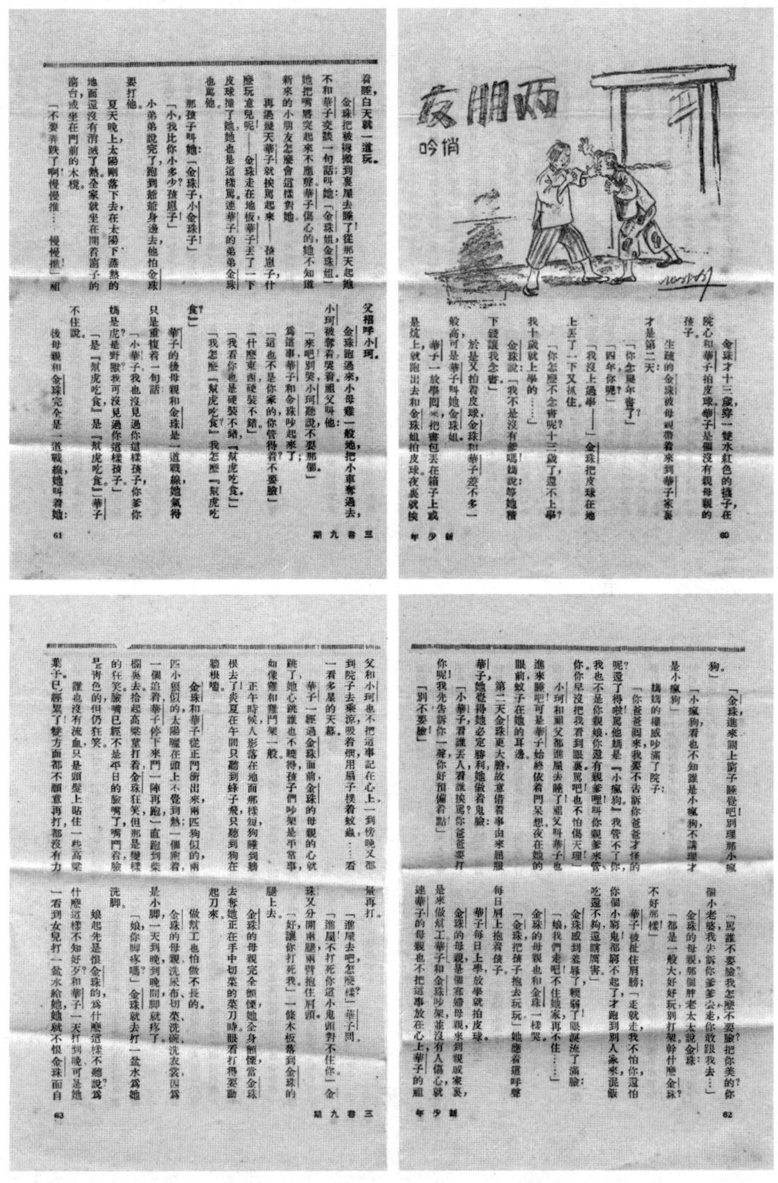

兩朋友

悄吟

金珠才十三歲，穿一雙水紅色的襪子，在院心和華子拍皮球。華子是個沒有親母親的孩子。

生疏的金珠被母親帶着來到華子家裏才是第二天：

「你念幾年書了？」

「四年，你呢？」

「我沒上過學——」金珠把皮球在地上丟了一下又抓住。

「你怎麼不念書呢？十三歲了，還不上學？我十歲就上學的……」

金珠說：「我不是沒有爹嗎！媽說：等她積下錢讓我念書。」

於是又拍着皮球，金珠和華子差不多一般高，可是華子叫她金珠姐。

華子一放學回來，把書包丟在箱子上或是炕上，就跑出去和金珠姐拍皮球。夜裏就換

60　新少年

着睡，白天就一道玩。

金珠把被褥搬到裏屋去睡了！從那天起她不和華子交談一句話；叫她：「金珠姐，金珠姐。」她把嘴唇突起來不應聲。華子傷心的，她不知道新來的小朋友怎麼會這樣對她。

再過幾天華子就挨罵起來——「孩崽子，什麼玩意兒呢！——」金珠走在地板，華子丟了一下皮球撞了她，她也是這樣罵。連華子的弟弟金珠也罵他。

那孩子叫她：「金珠子，小金珠子！」

「小，我比你小多少？孩崽子！」

小弟弟說完了，跑到爺爺身邊去，他怕金珠要打他。

夏天晚上，太陽剛落下去，在太陽下蒸熱的地面還沒有消滅了熱。全家就坐在開着窗子的窗台，或坐在門前的木欖。

「不要弄跌了啊！慢慢推……慢慢推！」祖父招呼小珂。

金珠跑過來，小母雞一般地，把小車奪過去，小珂被奪着哭着。祖父叫他：

「來吧！別哭，小珂聽說，不要那個。」

為這事華子和金珠吵起來了；

「這也不是你家的，你管得着？不要臉！」

「什麼東西，硬裝不錯。」

「我看你也是硬裝不錯，『幫虎吃食』。」

「我怎麼『幫虎吃食』？我怎麼『幫虎吃食？』」

華子的後母親和金珠是一道戰線，她氣得只是重複着一句話：

「小華子，我也沒見過你這樣孩子，你爹你媽是虎？是野獸？我可沒見過你這樣孩子。」

「是『幫虎吃食』，是『幫虎吃食。』」華子不住說。

後母親和金珠完全是一道戰線，她叫着她：

三卷九期　61

「金珠，進來關上窗子睡覺吧！別理那小瘋狗。」

「小瘋狗，看也不知誰是小瘋狗，不講理才是小瘋狗」

媽媽的權威吵滿了院子：

「你爸爸回來，我要不告訴你爸爸才怪的呢？還了得啦！罵他媽是『小瘋狗。』我管不了你，我也不是你親娘，你還有親爹哩！叫你親爹來管你。你早沒把我看到眼裏。罵吧！也不怕傷天理！」

小珂和祖父都進屋去睡了，祖父叫華子也進來睡吧！可是華子始終依着門呆想，夜在她的眼前，蚊子在她的耳邊。

第二天金珠更大膽，故意借着事由來屈服華子，她覺得她必定勝利，她做着鬼臉：

「小華子，看誰丟人，看誰挨罵？你爸爸要打你呢！我先告訴你一聲，你好預備着點！」

「別不要臉！」

「罵誰不要臉？我怎麼不要臉？把你美的？你個小老婆，我告訴你爹爹去，走，你敢跟我去……」

金珠的母親，那個胖老太太說金珠：

「都是一般大，好好玩，別打架。幹什麼金珠？不好那樣！」

華子被扯住肩膀；「走就走，我不怕你，還怕你個小窮鬼，都窮不起了，才跑到別人家來混飯吃，還不夠，還瞎厲害。」

金珠感到羞辱了，輭弱了！眼淚流了滿臉：

「娘，我們走吧！不住她家，再不住……」

金珠的母親也和金珠一樣哭。

「金珠，把孩子抱去玩玩」她應着還呼聲每日肩上抱着孩子。

華子每日上學，放學就拍皮球。

金珠的母親，是個寡婦母親，來到親戚家裏，是來做幫工。華子和金珠吵架，並沒有人傷心，就連華子的母親也不把這事放在心上，華子的祖

新少年　62

父和小珂也不把這事記在心上。一到傍晚又都到院子去乘涼，吸着烟，用扇子撲着蚊蟲……看一看多星的天幕。

華子一經過金珠面前，金珠的母親的心就跳了，她心跳誰也不曉得，孩子們吵架是平常事，如像雞和雞鬥架一般。

正午時候，人影落在地面那樣短，狗睡到牆根去了！炎夏在午間只聽到蜂子飛，只聽到狗在牆根喘。

金珠和華子從正門衝出來，兩匹狗似的，兩匹小狼似的，太陽曬在頭上，不覺到熱；一個跑着，一個追着，華子停下來鬥一陣再跑，一直跑到柴欄裏去，拾起高粱稈打着，金珠狂笑，但那是變樣的狂笑，臉嘴已經不是平日的臉嘴了，嘴鬥着，臉是青色的，但仍狂笑。

誰也沒有流血，只是頭髮上貼住一些高粱葉子。已經累了！雙方面都不願意再打，都沒有力量再打。

「進屋去吧，怎麼樣？」華子問。

「進屋！不打死你這小鬼頭對不住你。」金珠又分開兩腿，兩臂抱住肩頭。

「好，讓你打死我。」一條木板落到金珠的腿上去。

金珠的母親完全顫慄，她全身顫慄，當金珠去奪她正在手中切菜的菜刀時，眼看打得要動起刀來。

做幫工也怕做不長的。

金珠的母親、洗尿布、切菜、洗碗、洗衣裳，因為是小腳，一天到晚，到晚間腳就疼了。

「娘，你腳疼嗎？」金珠就去打一盆水為她洗腳。

娘起先是恨金珠的，為什麼這樣不聽說？為什麼這樣不知好歹？和華子一天打到晚，可是她一看到女兒打一盆水給她，她就不恨金珠而自

三卷九期　63

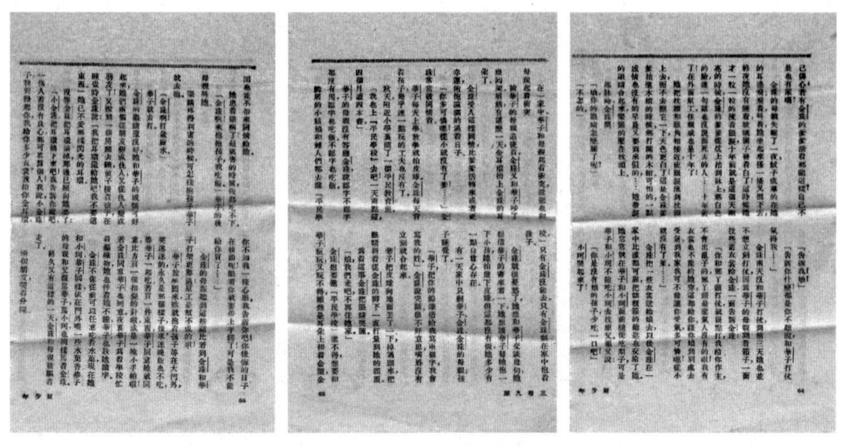

释文：

## 两朋友

悄　吟

金珠才十三岁，穿一双水红色的袜子，在院心和华子拍皮球。华子是个没有亲母亲的孩子。

生疏的金珠被母亲带着来到华子家里才是第二天。

“你念几年书了？”

“四年，你呢？”

“我没上过学——”金珠把皮球在地上丢了一下又抓住。

“你怎么不念书呢？十三岁了，还不上学？我十岁就上学的……”

金珠说：“我不是没有爹嘛！妈说：等她积下钱让我念书。”

于是又拍着皮球，金珠和华子差不多一般高，可是华子叫她金珠姐。

华子一放学回来，把书包丢在箱子上或是炕上，就跑出去和金珠姐拍皮球。夜里就挨着睡，白天就一道玩。

金珠把被褥搬到里屋去睡了！从那天起她不和华子交谈一句话；叫她：“金珠姐，金珠姐。”她把嘴唇突起来不应声。华子伤心，她不知道新来的小朋友怎么会这样对她。

再过几天华子挨骂起来“孩崽子，什么玩意儿呢”！——金珠走在地板上，华子丢了一下皮球撞了她，她也是这样骂。连华子的弟弟金珠也骂他。

那孩子叫她：“金珠子，小金珠子！”

“小，我比你小多少？孩崽子！”

小弟弟说完了，跑到爷爷身边去，他怕金珠要打他。

夏天晚上，太阳刚落下去，在太阳下蒸热的地面还没有消灭了热。全家就坐在开着窗子的窗台，或坐在门前的木凳上。

“不要弄跌了啊！慢慢推……慢慢推！”祖父招呼小珂。

金珠跑来，小母鸡一般地，把小车夺过去，小珂被夺着，哭着。祖父叫他：“来吧！别哭，小珂听说，不要那个。”

为这事，华子和金珠吵起来了：

“这也不是你家的，你管得着？不要脸！”

“什么东西，硬装不错。”

“我看你也是硬装不错，‘帮虎吃食’！”

“我怎么‘帮虎吃食’？我怎么‘帮虎吃食’？”

华子的后母和金珠是一道战线，她气得只是重复着一句话：“小华子，我也没见你这样孩子，你爹你妈是虎？是野兽？我可没见过你这样孩子。”

“是‘帮虎吃食’，是‘帮虎吃食’。”华子不住说。

后母亲和金珠完全是一道战线，她叫着她：“金珠，进来关上窗子睡觉吧！别理那小疯狗。”

“小疯狗，看也不知谁是小疯狗，不讲理者小疯狗。”

妈妈的权威吵满了院子：“你爸爸回来，我要不告诉你爸爸才怪呢？还了得啦！骂她妈是‘小疯狗’。我管不了你，我也不是你亲娘，你还有亲爹哩！叫你亲爹来管你。你早没把我看到眼里。骂吧！也不怕伤天理！”

小珂和祖父都进屋去睡了！祖父叫华子也进来睡吧！可是华子始

终依着门呆想。夜在她的眼前，蚊子在她的耳边。

第二天金珠更大胆，故意借着事由来屈服华子，她觉得她必定胜利，她做着鬼脸。

“小华子，看谁丢人，看谁挨骂？你爸爸要打呢！我先告诉你一声，你好预备着点!”

“别不要脸!”

“骂谁不要脸？我怎么不要脸？把你美的？你个小老婆，我告诉你爹爹去，走，你敢跟我去……”

金珠的母亲，那个胖老太太说金珠：“都是一般大，好好玩，别打架。干什么金珠？不好那样!”

华子被扯住肩膀：“走就走，我不怕你，还怕你个小穷鬼！都穷不起了，才跑到别人家来，混饭吃还不够，还瞎厉害。”

金珠感到羞辱了，软弱了，眼泪流了满脸：“娘，我们走吧！不住她家，再不住……”

金珠的母亲也和金珠一样哭。

“金珠，把孩子抱去玩玩。”她应着这呼声，每日肩上抱着孩子。

华子每日上学，放学就拍皮球。

金珠的母亲，是个寡妇母亲，来到亲戚家里，是来做帮工，华子和金珠吵架，并没有人伤心，就连华子的母亲也不把这事放在心上，华子的祖父和小珂也不把这事记在心上，一到傍晚又都到院子去乘凉，吸着烟，用扇子扑着蚊虫……看一看多星的天幕。

华子一经过金珠面前，金珠的母亲的心就跳了。她心跳谁也不晓得，孩子们吵架是平常事，如像鸡和鸡斗架一般。

正午时候，人影落在地面那样短，狗睡到墙根去了！炎夏的午间，只听到蜂子飞，只听到狗在墙根喘。

金珠和华子从正门冲出来，两匹狗似的，两匹小狼似的，太阳晒在头上不觉得热；一个跑着，一个追着。华子停下来斗一阵再跑，一直跑到柴栏里去，拾起高粱秆打着。金珠狂笑，但那是变样的狂笑，脸嘴已经不是平日的脸嘴了。嘴斗着，脸是青色的，但仍在狂笑。

谁也没有流血，只是头发上贴住一些高粱叶子。已经累了！双方面都不愿意再打，都没有力量再打。

“进屋去吧，怎么样?”华子问。

“进屋！不打死你这小鬼头对不住你。”金珠又分开两腿，两臂抱住肩头。

“好，让你打死我。”一条木板落到金珠的腿上去。

金珠的母亲完全战栗，她全身战栗，当金珠去夺她正在手中切菜的菜刀时；眼看打得要动起刀来。

做帮工也怕做不长的。

金珠的母亲，洗尿布、切菜、洗碗、洗衣裳，因为是小脚，一天到晚，到晚间，脚就疼了。

“娘，你脚疼吗?”金珠就去打一盆水为她洗脚。

娘起先是恨金珠的，为什么这样不听说？为什么这样不知好歹？和华子一天打到晚。可是她一看到女儿打一盆水给她，她就不恨金珠而自己伤心。若是金珠的爹爹活着哪能这样？自己不是也有家吗?

金珠的母亲失眠了一夜，蚊子成群地在她的耳边飞；飞着，叫着，她坐起来搔一搔又倒下去，终夜她没有睡着，玻璃窗子发着白了！这时候她才一粒一粒地流着眼泪。十年前就是这个天刚亮的时候，金珠的爹爹从炕上抬到床上，那白色的脸，连一句话也没说而死去的人……十年前了！在外面帮工，住亲戚也是十年了！

# 五、诗稿

## 萧红到日本后

萧红把创作的小诗誊写在她从日本买回的这个本子里，并亲自设计封面，取名《私の诗集》(《自己的诗集》)。诗集收录长短诗六十首，短诗有《可纪念的枫叶》《偶然想起》《静》《栽花》《公园》《拜墓诗——为鲁迅先生》《一粒土泥》，长诗有《春曲》(六首)、《苦杯》(十一首)、《沙粒》(三十六首)。诗《春曲》最早收录在《跋涉》中，《苦杯》创作于1936年春季，是两萧情感出现裂痕的时候创作的，萧红生前未曾发表。其他诗大都是1937年2月萧红回上海后，陆续创作发表、抄录的。

诗集中的大部分发表在《文丛》中，署名悄吟。其中的两首悼念亡友诗已经成为经典之作，一首是1937年4月23日在《大公报·文艺》第327期上发表悼念鲁迅的《拜墓诗》，诗的原名《拜墓》，署名萧红；一首是为纪念金剑啸殉国周年作的《一粒土泥》，收入1937年8月1日上海夜哨丛书出版社出版的《兴安岭的风雪》附录里。

1936年7月18日，萧红在去往日本的船上写下了他们分开的第一封信，“信纸”就来源于这个藏满诗稿的小本子，第四封信是寄往青岛的，这时萧军已离开上海，来到青岛。其他萧红致萧军的几十封信里，再也没有发现这样的“信纸”。由此可以推断，这个日本生产的本子有可能是萧红在船上买的，或是离开上海前，在日本人经营的书店或文具店里买的。诗集中的很多诗都曾作为萧红专著的插图，也曾单独出版过，但与萧红遗物一起整体出版，这还是第一次。2019年是萧红诞生一百零八周年，逝世七十七周年，尘封了八十三年的“风月”就此打开。

《私の诗集》封面封底

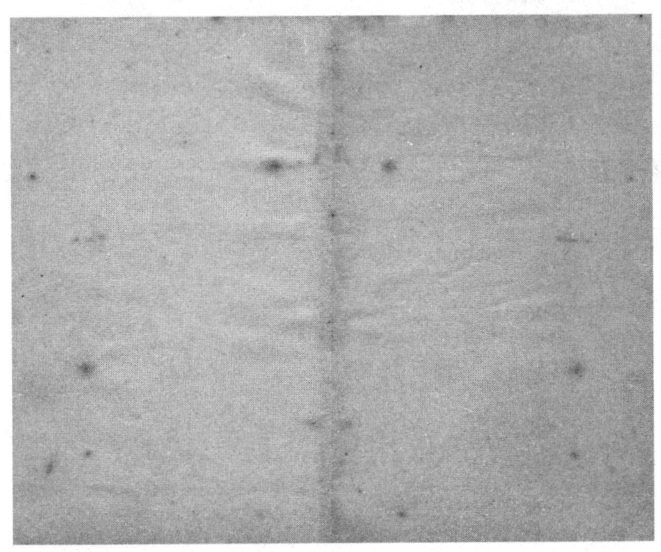

环衬

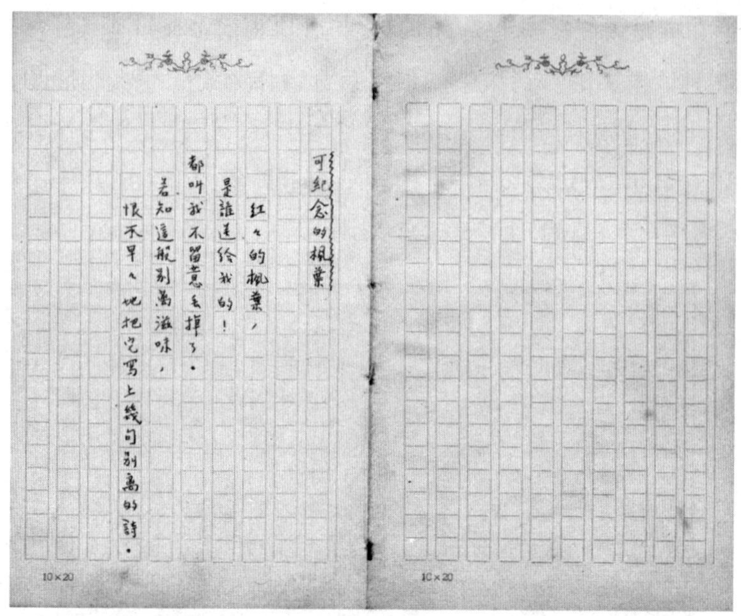
可紀念的楓葉

紅々的楓葉，
是誰送給我的！
都叫我不留意丟掉了。
若知這般別離滋味，
恨不早々地把它寫上幾句別離的詩。

10×20

10×20

## 可纪念的枫叶

红红的枫叶，
是谁送给我的！
都叫我不留意丢掉了。
若知这般别离滋味，
恨不早早地把它写上几句别离的诗。

## 偶然想起

去年的五月，
正是我在北平吃青杏的时节，
今年的五月，
我生活的痛苦，
真是有如青杏般的滋味！

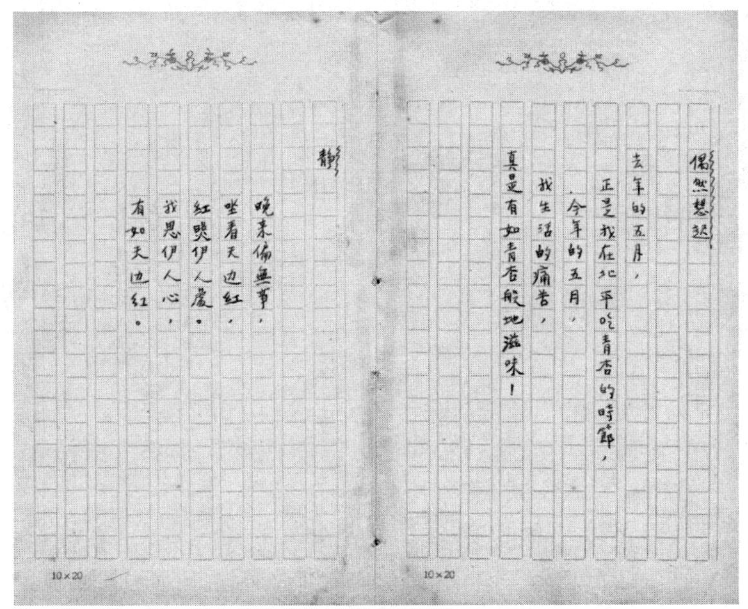

偶然想起

去年的五月，
正是我在北平吃青杏的時節，
今年的五月，
我生活的痛苦，
真是有如青杏般地滋味！

10×20

静

晚来偏無事，
坐看天边紅，
紅照伊人處。
我思伊人心，
有如天边紅。

10×20

## 静

晚来偏无事，
坐看天边红，
红照伊人处。
我思伊人心，
有如天边红。

## 栽 花

你美丽的栽花的姑娘，
弄得两手污泥不嫌脏吗？
任凭你怎样的栽，
也怕栽不出一株相思的树来。

## 公 园

树大人小，

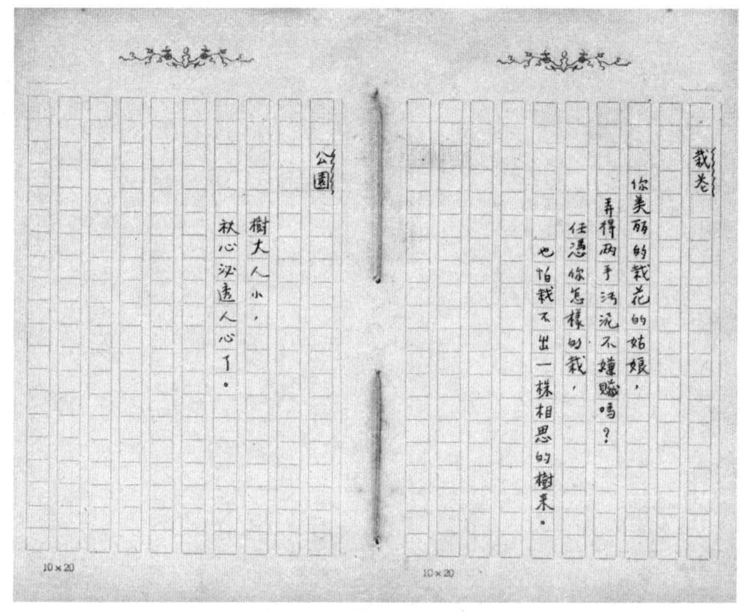

栽卷

你美丽的栽花的姑娘，
弄得两手污泥不嫌贓嗎？
任憑你怎樣的栽，
也怕栽不出一株相思的樹来。

10×20

公園

樹大人小，
秋心沁透人心了。

10×20

秋心沁透人心了。

## 春曲

那边清溪唱着，
这边树叶绿了，
姑娘啊！
春天到了。

## 春曲（二）

我爱诗人又怕害了诗人，
因为诗人的心，
是那么美丽，
水一般地，
花一般地，
我只是舍不得摧残它，
但又怕别人摧残，

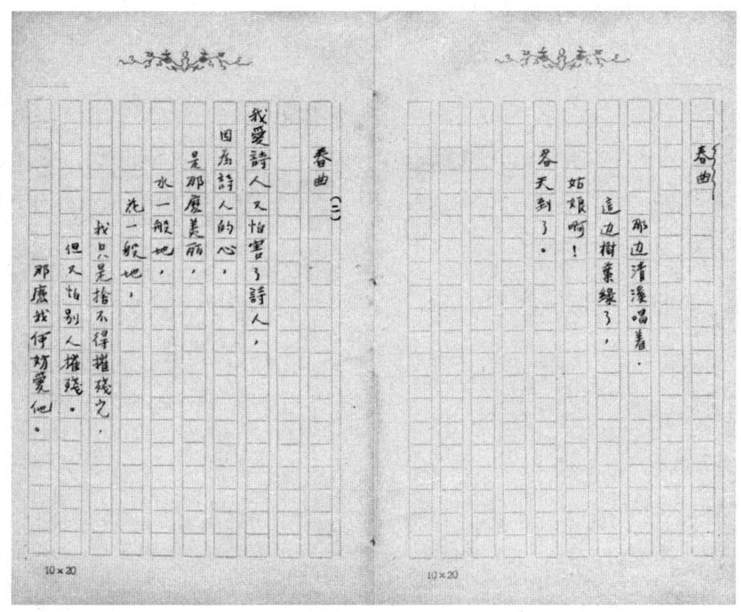
春曲
那边清溪唱着，
這边樹葉綠了，
姑娘啊！
春天到了。

春曲（二）
我爱詩人又怕害了詩人，
因為詩人的心，
是那麼美丽，
水一般地，
花一般地，
我只是捨不得摧残它，
但又怕别人摧残。
那麼我何妨爱他。

那么我何妨爱他。

## 春曲（三）

你美好的处子诗人，
来坐在我的身边，
你的腰任意我怎样拥抱，
你的唇任意我怎样的吻，
你不敢来在我的身边吗？
你怕伤害了你处子之美吗？
诗人啊！
迟早你是逃避不了女人！

## 春曲（四）

只有爱的踟蹰美丽，
三郎，我并不是残忍，
只喜欢看你立起来又坐下，

春曲（三）

你美好的處子詩人，
来坐在我的身边，
你的腰任意我怎样擁抱，
你的唇任意我怎样的吻，
你不敢来在我的身边吗？
你怕傷害了你處子之美吗？
詩人啊！
遲早你是逃避不了女人！

10×20

春曲（四）

只有爱的踟躕美丽，
三郎，我并不是殘忍，
只喜欢看你立起来又坐下，
坐下又立起，
这其间，
正有说不出的风月。

10×20

坐下又立起，
这期间，
正有说不出的风月。

**春曲（五）**

谁说不怕初恋的软力！
就是男性怎粗暴，
这一刻儿，
也会娇羞羞地，
为什么我要爱人！
只怕为这一点娇羞吧。
但久恋他就不娇羞了。

**春曲（六）**

当他爱我的时候，

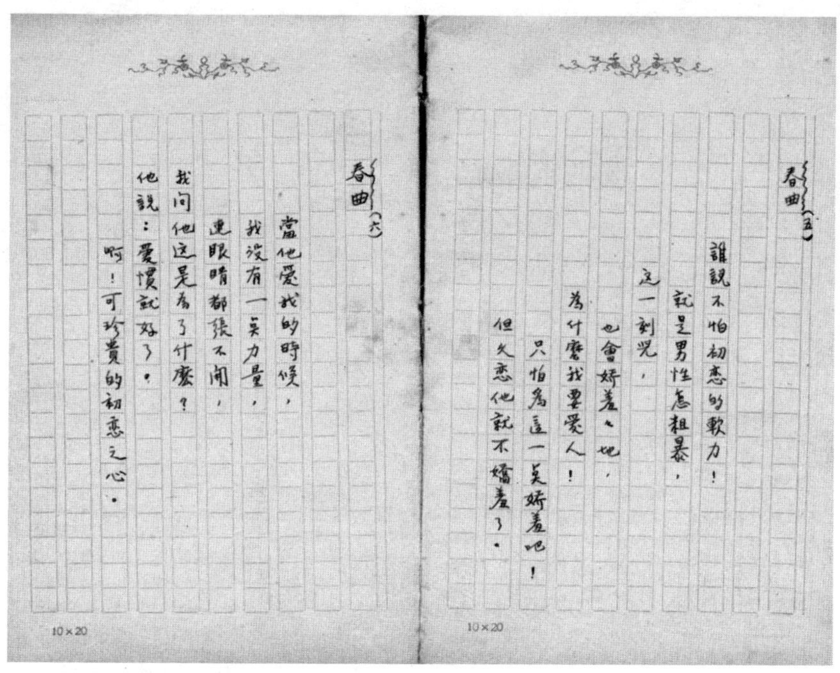

春曲（五）

誰說不怕初恋的軟力！
就是男性怎粗暴，
这一刹児，
也會娇羞々地，
為什麼我要愛人！
只怕為這一点娇羞吧！
但久恋他就不嬌羞了。

10×20

春曲（六）

當他愛我的時候，
我沒有一点力量，
連眼睛都張不開，
我问他这是為了什麼？
他說：愛慣就好了。
啊！可珍貴的初恋之心。

10×20

我没有一点力量，
连眼睛都张不开，
我问他这是为了什么？
他说：爱惯就好了。
啊，可珍贵的初恋之心。

## 苦杯（一）

带着颜色的情诗，
一只一只写给她的，
像三年前他写给我的一样。
也许人人都是一样！
也许情诗再过三年他又写给另外一个姑娘！

## 苦杯（二）

昨夜他又写了一只诗，

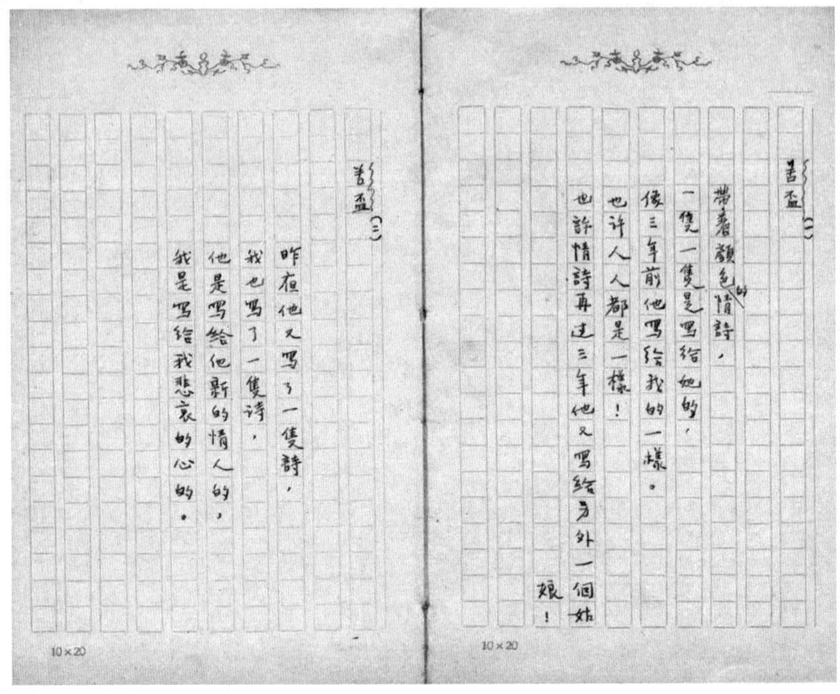

苦盃（二）

帶着顏色的情詩，
一隻一隻是寫給她的，
像三年前他寫給我的一樣。
也許人人都是一樣！
也許情詩再过三年他又寫給另外一個姑娘！

苦盃（三）

昨夜他又寫了一隻詩，
我也寫了一隻詩，
他是寫給他新的情人的，
我是寫給我悲哀的心的。

10×20

我也写了一只诗，
他是写给他新的情人，
我是写给我悲哀的心的。

## 苦杯（三）

爱情的账目，
要到失恋的时候才算的，
算也总是不够本的。

## 苦杯（四）

已经不爱我了吧！
尚与我日日争吵，
我的心潮破碎了，
他分明知道，

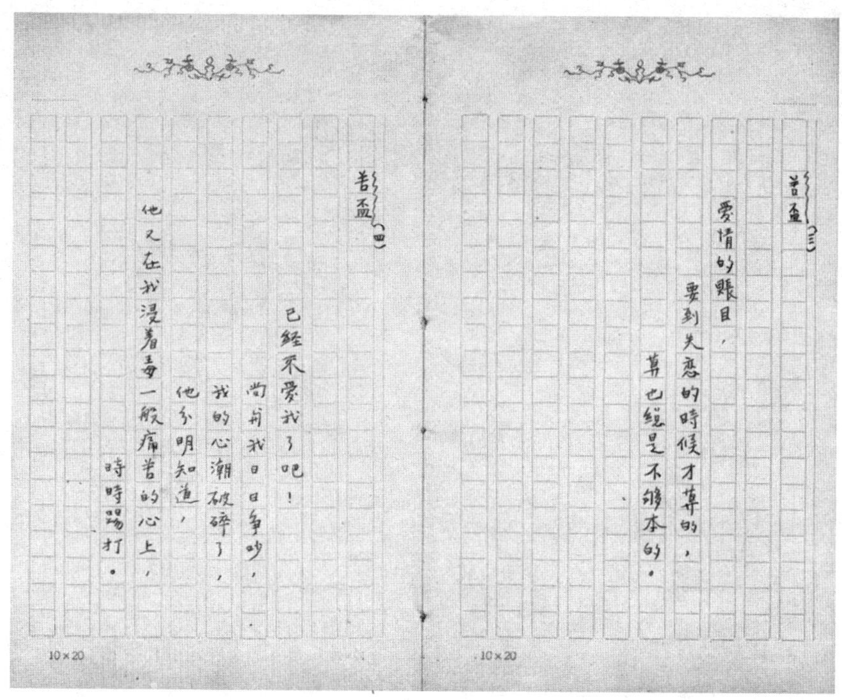

苦盃（三）

愛情的賬目，
要到失戀的時候才算的，
算也總是不夠本的。

苦盃（四）

已經不愛我了吧！
尚再我日日争吵，
我的心潮破碎了，
他分明知道，
他又在我浸着毒一般痛苦的心上，
時時踢打。

他又在我浸着毒一般痛苦的心上，
时时踢打。

## 苦杯（五）

往日的爱人，
为我遮避暴风雨，
而今他变成暴风雨了！
让我怎来抵抗？
敌人的攻击，
爱人的伤悼。

## 苦杯（六）

他又去公园了，
我说：

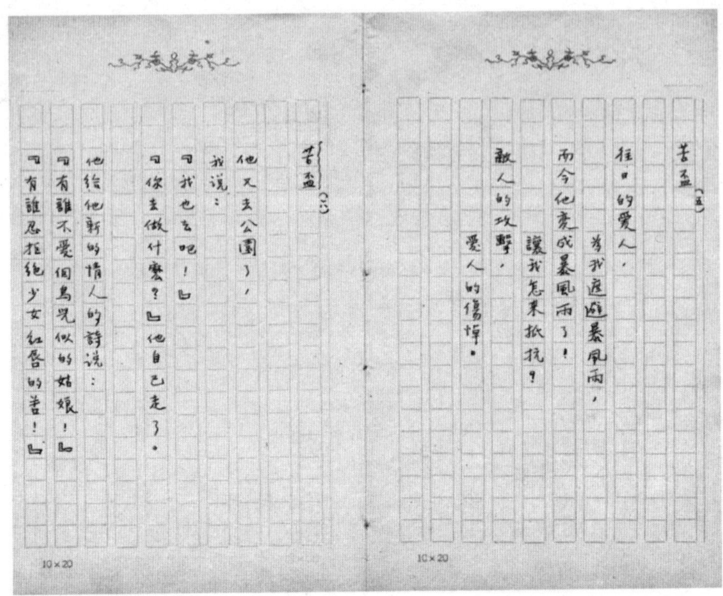

苦盃（五）

往日的爱人，
为我遮避暴风雨，
而今他变成暴風雨了！
讓我怎來抵抗？
敵人的攻擊，
愛人的傷悼。

苦盃

他又去公園了，
我說：
「我也去吧！」
「你去做什麼？」他自己走了。

他給他新的情人的詩說：
「有誰不愛個鳥兒似的姑娘！」
「有誰忍拒絕少女紅唇的苦！」

“我也去吧！”
“你去做什么？”他自己走了。
他给他新情人的诗说：
“有谁不爱个鸟儿似的姑娘！”
“有谁忍拒绝少女红唇的苦！”

我不是少女，
我没有红唇了，
我穿的是从厨房带来油污的衣裳。
为生活而流浪，
我更没有少女美的心肠。
他独自走了，
他独自去享受黄昏时公园里美丽的时光。
我在家里等待着，
等待明朝再去煮米熬汤。

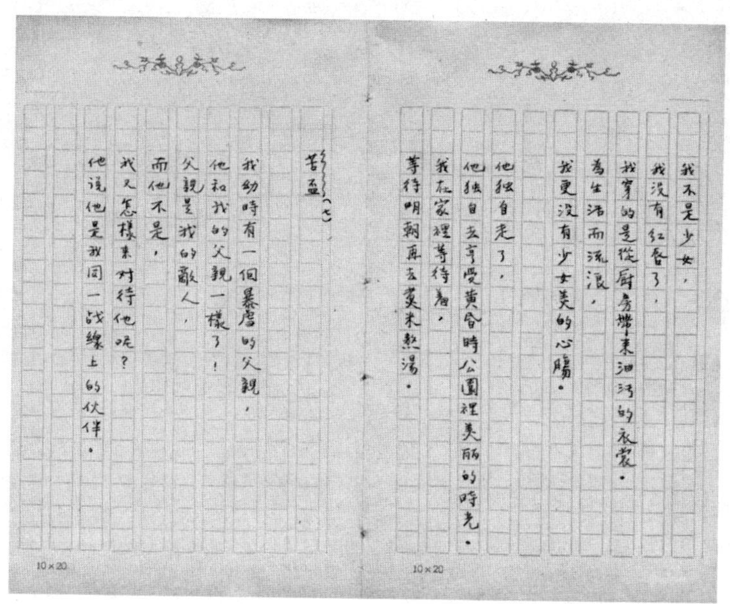

我不是少女，
我沒有紅唇了，
我穿的是從廚房帶來油污的衣裳。
為生活而流浪，
我更沒有少女美的心腸。

他獨自走了，
他獨自去享受黃昏時公園裡美麗的時光。
我在家裡等待着，
等待明朝再去買米熬湯。

10×20

苦盃（七）

我幼時有一個暴虐的父親，
他和我的父親一樣了！
父親是我的敵人，
而他不是，
我又怎樣來对待他呢？
他說他是我同一战線上的伙伴。

10×20

## 苦杯（七）

我幼时有一个暴虐的父亲，
他和我的父亲一样了！
父亲是我的敌人，
而他不是，
我又怎样来对待他呢？
他说他是我同一战线上的伙伴。

## 苦杯（八）

我没有家，
我连家乡都没有，
更失去朋友，
只有一个他，
而今他又对我取着这般态度。

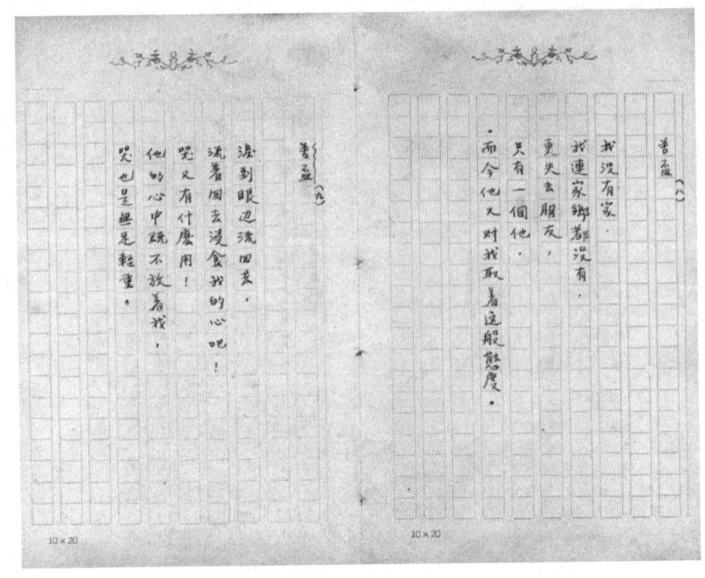

苦盃（八）

我沒有家，
我連家鄉都沒有，
更失去朋友，
只有一個他。
而今他又对我取着這般態度。

苦盃（九）

淚到眼边流回去，
流着回去侵食我的心吧！
哭又有什麼用！
他的心中既不放着我，
哭也是無足輕重。

10×20

10×20

## 苦杯（九）

泪到眼边流回去，
流着回去侵食我的心吧！
哭又有什么用！
他的心中既不放着我，
哭也是无足轻重。

## 苦杯（十）

近来时时想要哭了，
但没有一个适当的地方；
坐在床上哭，怕是他看到；
跑到厨房里去哭，
怕是邻居看到；
在街头哭，
那些陌生的人更会哗笑。
人间对我都是无情了。

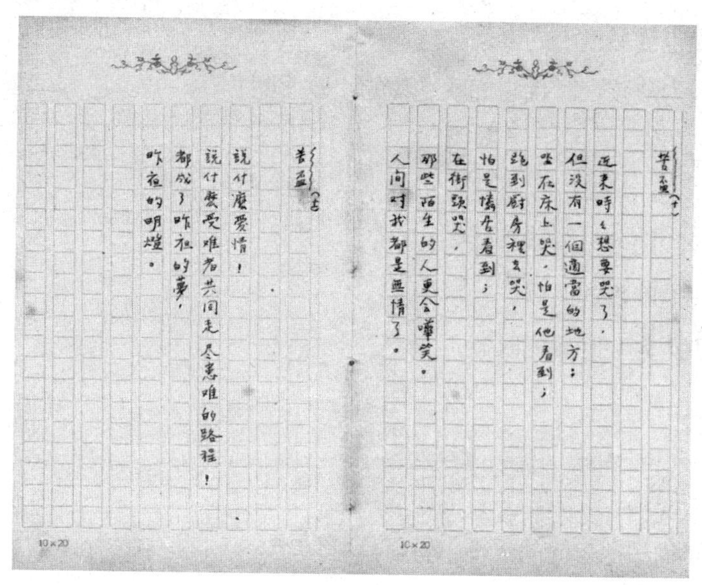

苦杯（十）

近來時時想要哭了，
但沒有一個適當的地方；
坐在床上哭，怕是他看到；
跑到廚房裡去哭，
怕是鄰居看到；
在街頭哭，
那些陌生的人更會嘲笑。
人間對我都是無情了。

苦杯（十一）

說什麼愛情！
說什麼受難者共同走盡患難的路程！
都成了昨夜的夢，
昨夜的明燈。

10×20

10×20

## 苦杯（十一）

说什么爱情！
说什么受难者共同走尽患难的路程！
都成了昨夜的梦，
昨夜的明灯。

## 沙　粒

### 一

七月里长起来的野菜，
八月里开花了。
我伤感它们的命运，
我赞叹它们的勇敢。

### 二

我爱钟楼上的铜铃，

我也爱屋檐上的麻雀，
因为从孩童时代它们就是我的小歌手啊！

三

我的窗前结着两个蛛网，
蜘蛛晚餐的时候，
也正是我晚餐的时候。

四

世界那么广大，
而我却把自己的天地布置得这样狭小！

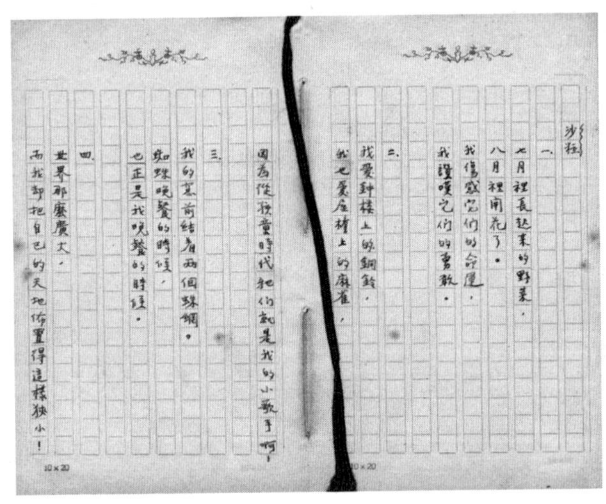
沙粒

一、
七月裡長起來的野菜，
八月裡開花了。
我傷感它們的命運，
我讚嘆它們的勇敢。

二、
我愛鐘樓上的銅鈴，
我也愛屋檐上的麻雀，
因為從孩童時代它們就是我的小歌手啊！

三、
我的窗前結着兩個蛛網，
蜘蛛晚餐的時候，
也正是我晚餐的時候。

四、
世界那麼廣大，
而我卻把自己的天地佈置得這樣狹小！

10×20

五

冬夜原来就是冷清的，
更不必再加上邻家的筝声了。

六

夜晚归来的时候，

踏着落叶而思想着远方。
头发结满水珠了！
原来是个小雨之夜。

## 七

从前是和孤独来斗争，
而现在是体验着这孤独。
一样的孤独，
两样的滋味。

## 八

本也想静静地工作，
本也想静静地生活，
但被寂寞燃烧得发狂的时候，
烟，吃吧！
酒，喝吧！
谁人没有心胸过于狭小的时候。

五
冬夜原来就是冷清的，
更不必算加上隣家的筝声了。
六
在晚归来的时候，
踏着落叶而思想着远方。
頭髮结滿水珠了！
原来是個小雨之夜。
10×20

七
從前是和孤独来鬥争，
而現在是体驗着这孤獨。
一様的孤独，
兩様的滋味。
八、
本也想静々地工作，
本也想静々地生活，
10×20

## 九

绿色的海洋，
蓝色的海洋，
我羡慕你的伟大，
我又怕你的惊险。

## 十

朋友和敌人，
我都一样的崇敬，
因为在我的灵魂上，
他们都画过条纹。

## 十一

今后将不再流泪了，
不是我心中没有悲哀，

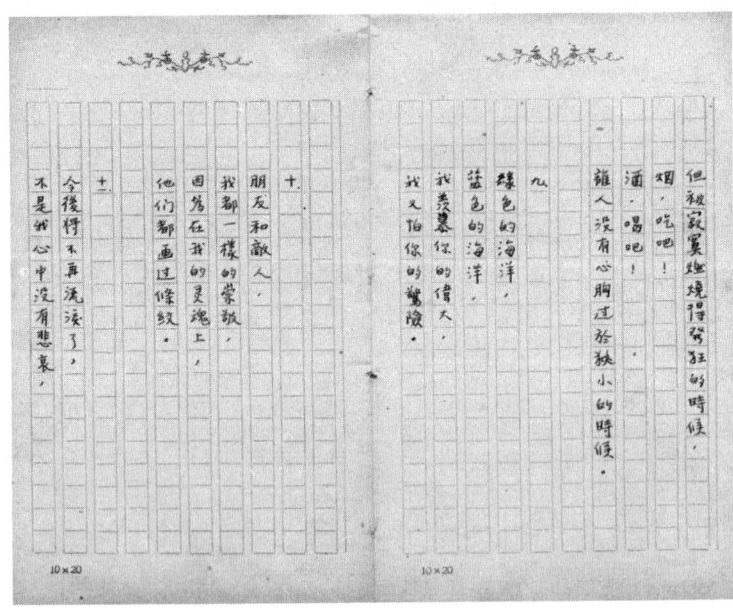

但被寂寞燃烧得发狂的时候，
烟，吃吧！
酒，喝吧！
谁人没有心胸过于狭小的时候。

九
綠色的海洋，
蓝色的海洋，
我羡慕你的偉大，
我又怕你的驚險。

十.
朋友和敵人，
我都一樣的崇敬，
因為在我的灵魂上，
他们都画过條纹。

十一.
今後将不再流淚了，
不是我心中没有悲哀，

10×20

10×20

而是这狂妄的人间迷惘了我了。

### 十二

和珍宝一样得来的友情，
一旦失掉了，
那刺痛就更甚于失掉了珍宝。

### 十三

我的胸中积满了沙石，
因此我所想望的只是旷野，高天和飞鸟。

### 十四

烦恼相同原野上的春草，
生遍我的全身了。

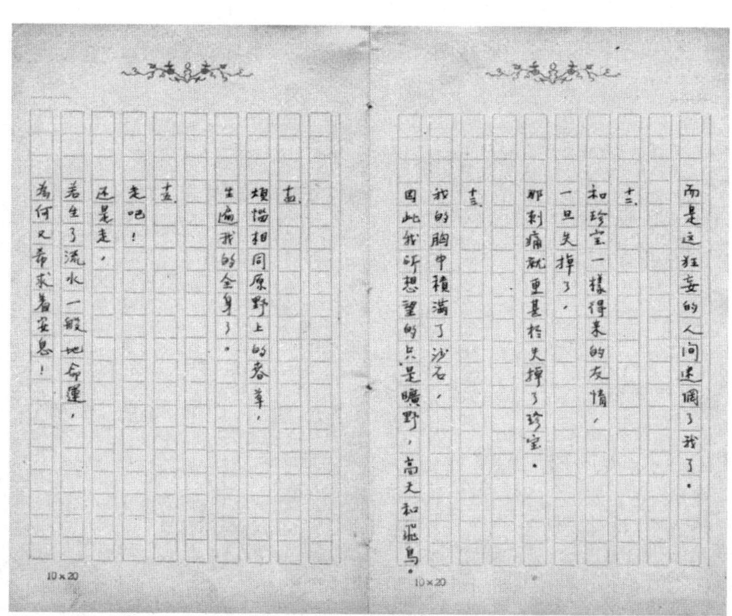

而是这狂妄的人间迷惘了我了。

十二

和珍宝一樣得来的友情，
一旦失掉了，
那刺痛就更甚於失掉了珍宝。

十三

我的胸中積满了沙石，
因此我所想望的只是曠野，高天和飛鳥。

十四

煩惱相同原野上的春草，
生遍我的全身了。

十五

走吧！
还是走，
若生了流水一般地命運，
為何又希求着安息！

10×20

## 十五

走吧！
还是走。
若生了流水一般的命运，
为何又希求着安息！

## 十六

蒙古的草原上，
和羊群一同做着夜梦，
那么我将是个牧羊的赤子了。

## 十七

眼泪对于我，
从前是可耻的，
而现在是宝贵的。

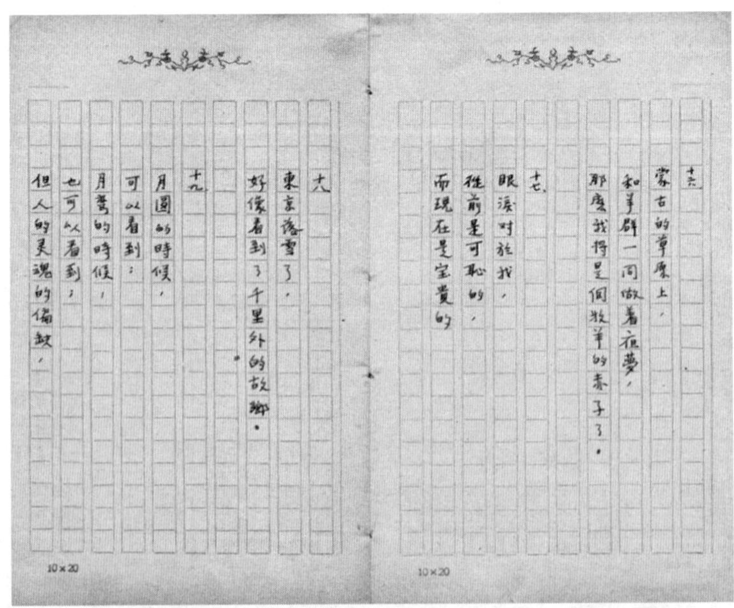

十六
蒙古的草原上，
和羊群一同做着夜夢，
那麼我將是個牧羊的赤子了。

十七、
眼淚对於我，
從前是可恥的，
而現在是宝貴的

十八
東京落雪了，
好像看到了千里外的故鄉。

十九
月圓的時候，
可以看到；
月虧的時候，
也可以看到；
但人的灵魂的偏缺，

10×20

10×20

## 十八

东京落雪了，
好像看到了千里外的故乡。

## 十九

月圆的时候，
可以看到；
月弯的时候，
也可以看到；
但人的灵魂的偏缺，
却永也看不到。

## 二十

生命为什么不挂着铃子？
不然丢了你，
怎能感到有所亡失。

## 二十一

还没有走上沙漠，
就忍受着沙漠之渴，
那么，
既走上了沙漠，
又将怎样？

## 二十二

理想的白马骑不得，
梦中的爱人爱不得。

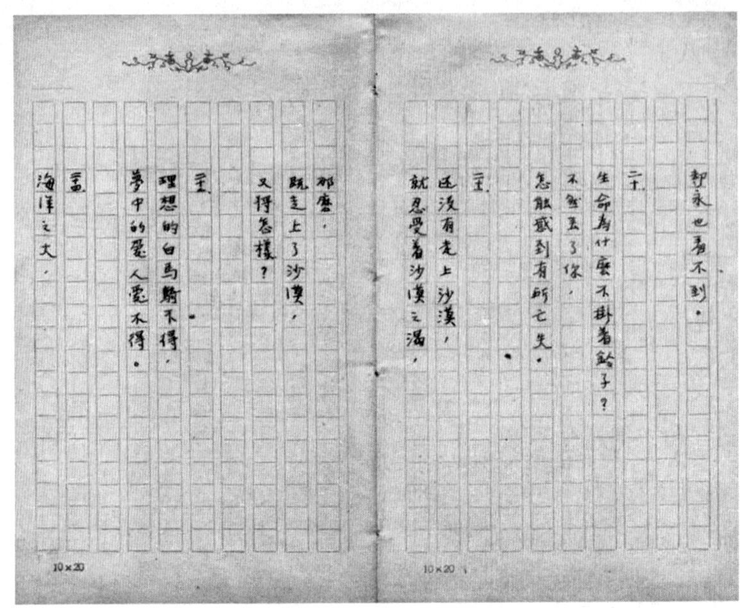

卻永也看不到。

二十.

生命為什麼不掛着鈴子？

不然丟了你，

怎能感到有所亡失。

二十一.

還沒有走上沙漠，

就忍受着沙漠之渴，

那麼，

既走上了沙漠，

又將怎樣？

二十二.

理想的白馬騎不得，

夢中的愛人愛不得。

二十三.

海洋之大，

10×20

## 二十三

海洋之大，

天地之广，

却恨各自的胸中狭小，

我将去了！

## 二十四

当野草在人的心上长起来时，

不必去铲锄，

也绝铲锄不了。

## 二十五

想望得久了的东西，

反而不愿意得到，

怕的是得到那一刻的战栗，

又怕得到后的空虚。

## 二十六

可厌的人群，

固然接近不得，

但可爱的人们也正在可厌的人群之中。

若永远躲避着脏污，

则又永远得不到纯洁。

天地之廣，
卻恨各自的胸中狹小，
我得走了！

二四
當野草在人的心上長起來時，
不少去鏟鋤，
也絕鏟鋤不了。

二五
想望得久了的東西，
反而不願意得到，
怕的是得到那一刻的憧憬，
又怕得到後的空虛。

二六
可厭的人羣，
固然接近不得，
但可愛的人們也正在可厭的人群之中。
若永遠躲避着髒污，

10×20

10×20

## 二十七

可怜的冬朝，

无酒亦无诗。

## 二十八

什么最痛苦？

说不出的痛苦最痛苦。

## 二十九

失掉了爱的心板，
相同失掉了星子的天空。

## 三十

野犬的心情我不知道，
飞向异乡去的燕子的心情我不知道。
但自己的心情，
自己却知道。

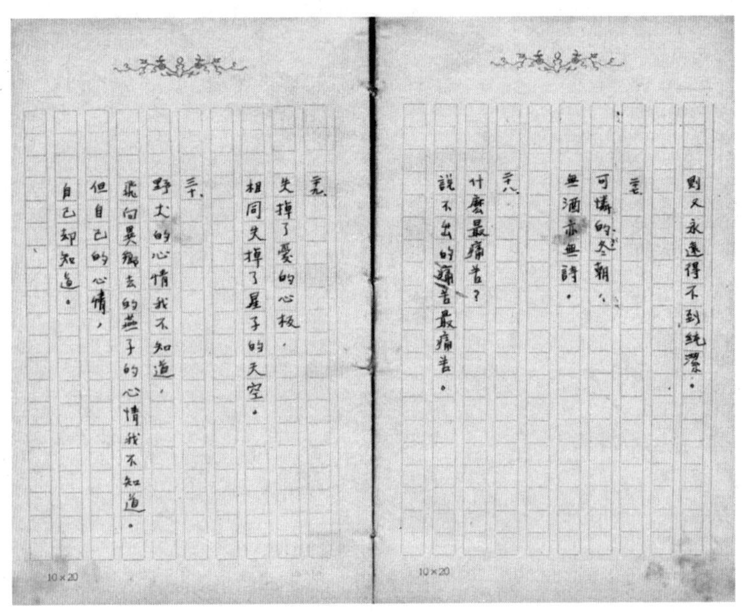

則又永遠得不到純潔。

廿七

可憐的冬朝，
無酒亦無詩。

廿八

什麼最痛苦？
說不出的痛苦最痛苦。

廿九

失掉了愛的心板，
相同失掉了星子的天空。

卅

野犬的心情我不知道，
飛向異鄉去的燕子的心情我不知道。
但自己的心情，
自己却知道。

10×20

10×20

## 卅一

此刻若问我什么最可怕，
我说：
泛滥了的情感最可怕。

**卅二**

偶然一开窗子，
看到了檐头的圆月。

**卅三**

人在孤独的时候，
反而不愿意看到孤独的东西。

**卅四**

我本一无所恋，
但又觉得到处皆有所恋，
这烦乱的情绪呀！
我咒诅着你，
好像咒诅恶魔那么咒诅。

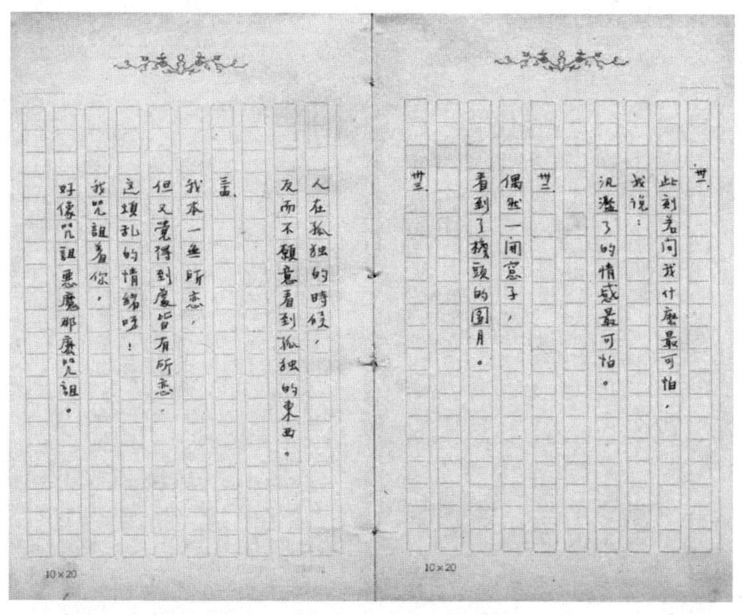

卅一

此刻若问我什麼最可怕，
我说：
氾滥了的情感最可怕。

卅二

偶然一开窗子，
看到了檐头的圆月。

卅三

10×20

人在孤独的时候，
反而不愿意看到孤独的东西。

卅四

我本一无所恋，
但又觉得到处皆有所恋，
这烦乱的情绪呀！
我咒诅着你，
好像咒诅恶魔那么咒诅。

10×20

卅五

从异乡又奔向异乡，
这愿望该多么渺茫！
而况送着我的是海上的波浪，
迎接着我的是异乡的风霜。

卅六

只要那是真诚的，
那怕就带着点罪恶，
我也接受了。

## 拜墓诗——为鲁迅先生

跟着别人的脚迹，
我走进了墓地。
又跟着别人的脚迹，
来到了你的墓边。

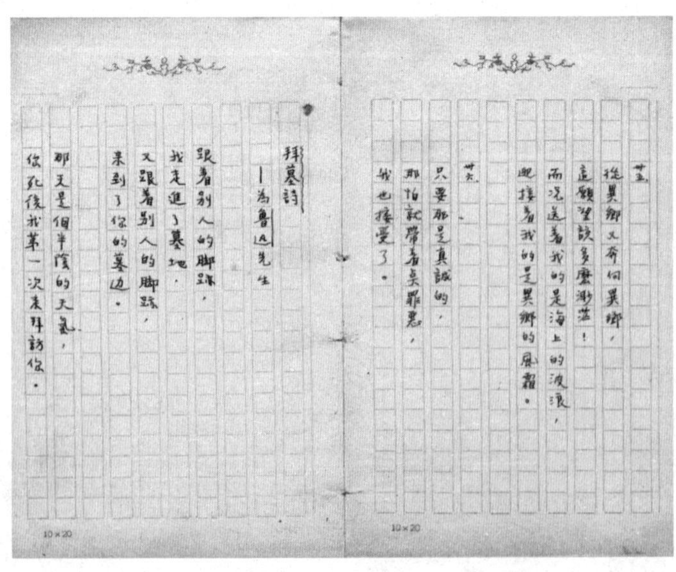

卅五
從異鄉又奔向異鄉，
這願望該多麼渺茫！
而況送着我的是海上的波浪，
迎接着我的是異鄉的風霜。
卅六.
只要那是真誠的，
那怕就帶着點罪惡，
我也接受了。

拜墓詩
——為魯迅先生
跟着别人的脚跡，
我走進了墓地。
又跟着别人的脚跡，
来到了你的墓边。
那天是個半陰的天氣，
你死後我第一次来拜訪你。

10×20

10×20

那天是个半阴的天气，
你死后我第一次来拜访你。
我就在你的墓边竖了一株小小的花草，
但，并不是用以招吊你的亡魂，
只说一声：久违。

我们踏着墓畔的小草，
听着附近的石匠钻着墓石的声音，
那一刻，
胸中的肺叶跳跃了起来。

我哭着你，
不是哭你，
而是哭着正义。

你的死，

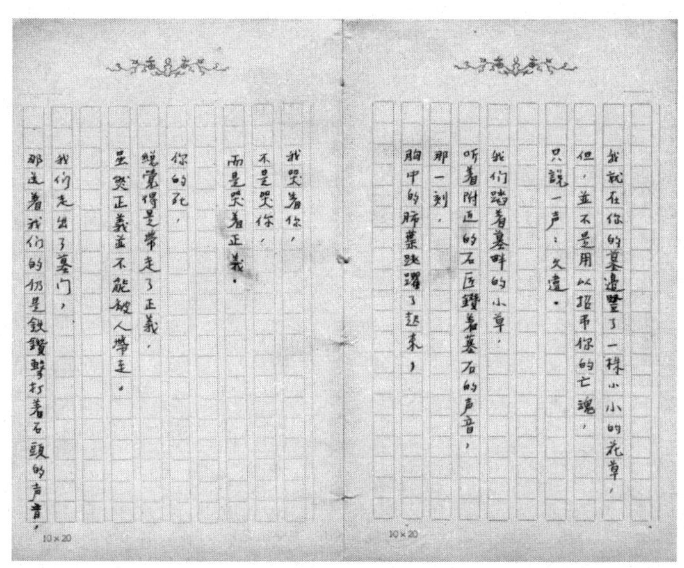
我就在你的墓邊豎了一株小小的花草，
但，並不是用以招弔你的亡魂，
只說一声：久違。

我们踏着墓畔的小草，
听着附近的石匠鑽着墓石的声音，
那一刻，
胸中的肺葉跳躍了起來，

我哭着你，
不是哭你，
而是哭着正義。

你的死，
總覺得是帶走了正義，
是哭正義並不能被人帶走。

我们走出了墓门，
那送着我们的仍是鐵鑽擊打着石頭的声音，

总觉得是带走了正义，
虽然正义并不能被人带走。

我们走出了墓门，
那送着我们的仍是铁钻击打着石头的声音，
我不敢去问那石匠，
将来他为着你将刻成怎样的碑文?

**一粒土泥**

别人对你不能知晓，
因为你是一棵亡在阵前的小草。

这消息传来的时候，
我们并不哭得嚎啕，
我们并不烦乱着终朝，
只是猜着你受难的日子，
在何时才得到一个这样的终了？

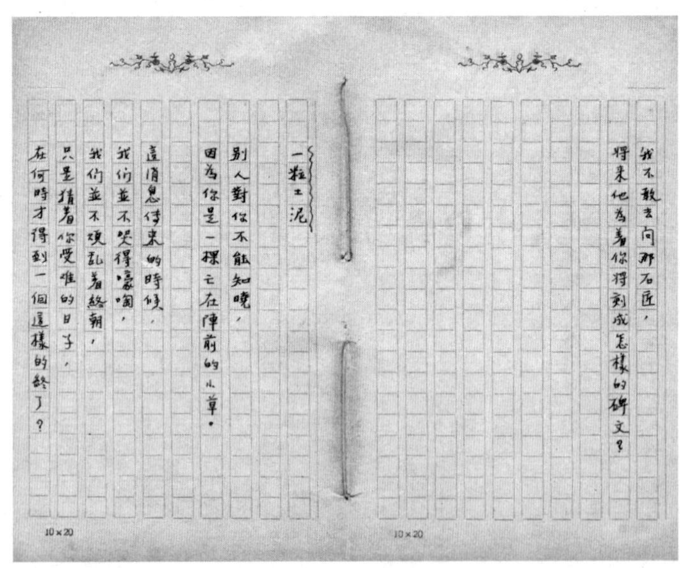
我不敢去問那石匠，
將來他為着你將刻成怎樣的碑文？

10×20

一粒土泥

別人對你不能知曉，
因為你是一棵亡在陣前的小草。
這消息傳來的時候，
我們並不哭得嚎啕，
我們並不煩亂着終朝，
只是猜着你受難的日子，
在何時才得到一個這樣的終了？

10×20

你的尸骨已经干败了！
我们的心上，
你还活活地走着跳着，
你的尸骨也许不存在了！
我们的心上，
你还活活地说着笑着。

苍天为什么这样地迢迢！
受难的兄弟：
你怎样终止了你最后的呼吸？
你没喝到朋友们端给你的一杯清水，
你没听到朋友们呼叫一声你的名字，
处理着你的，
完全是出于我们的敌人。

朋友们慌忙的相继而出走，

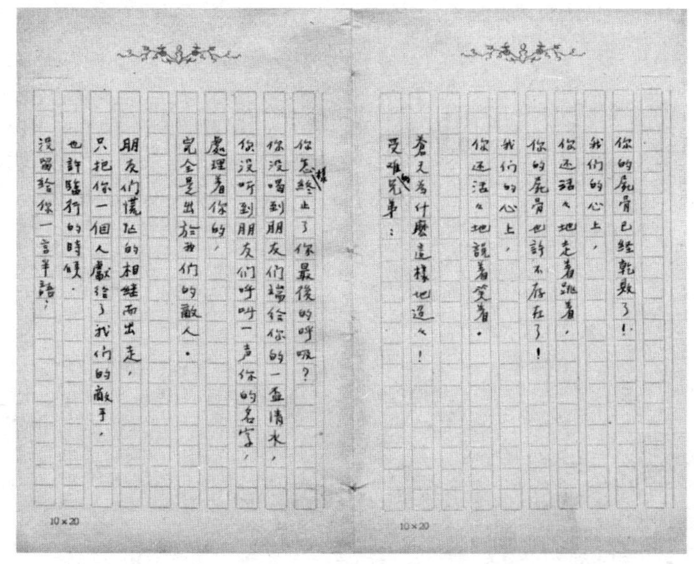
你的屍骨已經乾敗了！
我们的心上，
你还活々地走着跳着，
你的屍骨也許不存在了！
我们的心上，
你还活々地說着笑着。
蒼天為什麼這樣地迢々！
受難的兄弟：
你怎樣終止了你最後的呼吸？
你没喝到朋友们端給你的一盃清水，
你没听到朋友们呼叫一声你的名字，
處理着你的，
完全是出於我们的敵人。
朋友们慌忙的相繼而出走，
只把你一個人獻給了我们的敵手，
也許臨行的時候，
没留給你一言半語，
10×20
10×20

只把你一个人献给了我们的敌手，
也许临行的时候，
没留给你一言半语。

也许临行的时候，
把你来忘记！
而今你的尸骨是睡在山坡或是洼地？
要想吊你，
也无从吊起！

将来全世界的土地开满了花的时候，
那时候，
我们全要记起，
亡友剑啸，
就是这开花的一粒土泥。

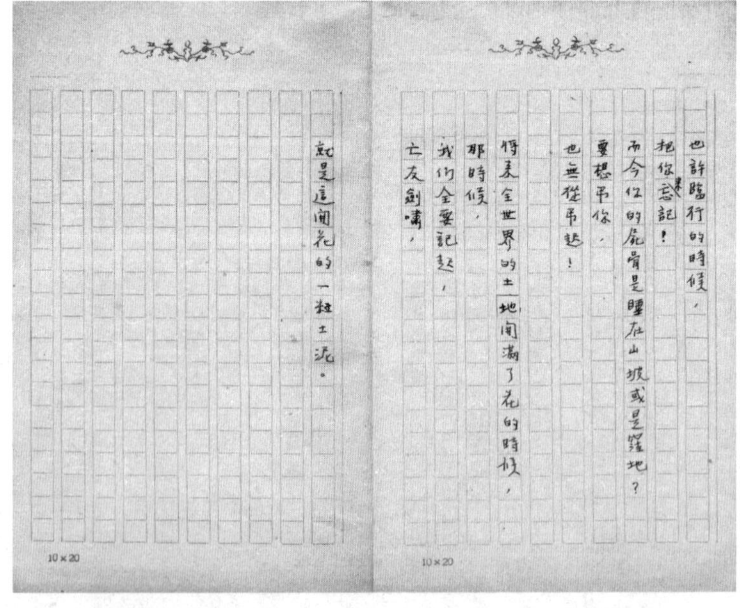
也許臨行的時候，
把你忘記！
而今你的屍骨是睡在山坡或是窪地？
要想弔你，
也無從弔起！

將來全世界的土地開滿了花的時候，
那時候，
我們全要記起，
亡友劍嘯，
就是這開花的一粒土泥。

10×20

10×20

# 六、剧本

## 哑剧《民族魂鲁迅》

许广平藏信里有一册萧红编剧的四幕哑剧《民族魂鲁迅》，12页，5页萧红手稿，7页油印稿。每页上都有用钢笔修改的墨迹。这也许是萧红寄给许广平的。1939年3月14日萧红在给许广平的信中写道："你说让我收集一些当时的报纸……"自从鲁迅去世，许广平就开始到处收集关于鲁迅内容的书信、报纸杂志等，这时候的萧红正在重庆，《民族魂鲁迅》是在香港创作完成的。

一年后，也就是1940年8月3日，萧红在鲁迅先生六十周年诞辰纪念活动中，向公众介绍了鲁迅先生的生平事迹。当天晚上，近千名观众参加了在孔圣堂举办的晚会，观看了专为纪念活动准备的萧红编剧的四幕哑剧《民族魂鲁迅》，这是香港历史上纪念鲁迅先生规模最大、最为热烈、最具创新理念的活动。《民族魂鲁迅》成为萧红纪念鲁迅全部作品的收笔之作。

哑剧《民族魂鲁迅》是萧红纪念鲁迅采用的一种特别方式。每一幕都精心设置了剧情、人设、表演和场景，为了增加舞台的效果，她特意在第二幕结尾处设定了落幕的特效：

（幕急落）

附记：

如没有幻灯，可画几张大画，在舞台里边用布遮住，拉一次布幕，露一张来，拉数张幕，即可见数张画。

萧红非常大胆地采用这种怪诞的西方戏剧形式为鲁迅作传，剧本的形式在当时的中国很少见。公演后不久，剧本于1940年10月21日至31日在香港《大公报》正式连载发表。萧红在最后一期末尾增加了“附录”，来说明创作意图和演出的具体操作，如场景的布置、人设、材料使用等等。她说：

鲁迅先生一生所涉甚广，想用一个戏剧的形式来描写是很困难的一件事，尤其是不能讲话的哑剧。所以这里我取的处理的态度，是用鲁迅先生的冷静，沉定，来和他周遭世界的鬼祟跳嚣做个对比。

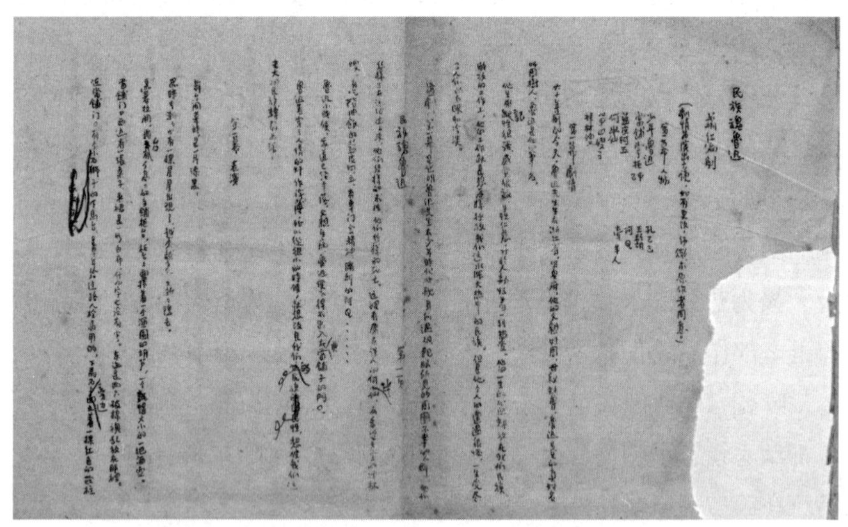

民族魂鲁迅

萧红编剧

《民族魂鲁迅》，四幕哑剧，萧红编剧，第一幕第一页

## 民族魂鲁迅

萧红编剧

（剧情为演出方便，如有更改，须征求原作者同意。）

### 第一幕　人物

少年鲁迅

当铺掌柜 甲

当铺掌柜 乙

蓝皮阿五

何半仙

单四嫂子

祥林嫂

孔乙己

王胡

阿Q

牵羊人

### 第一幕　剧情

六十年前的今天，鲁迅先生在浙江省，绍兴府，他的父亲姓周，母亲姓鲁，鲁迅先生的真姓名叫周树人，鲁迅是他的笔名。

他生来记性很强，感觉很敏，生性仁慈，对于人类怀着一种热爱。他的一生的心血都放在我们民族解放的工作上，他的工作就是想怎样拯救我们这水深火热中的民族。但是他个人的遭遇很坏，一生受尽了人们的白眼和冷淡。

这哑剧的第一幕是说明鲁迅先生在少年时代他亲身所遇的，亲眼所见的周围不幸的人群，他们怎样生在这地面上来，他们怎样地求活，他们怎样地死亡。这里有庸医误人的何半仙，有希望天堂的祥林嫂，有吃揩油饭的蓝皮阿五，有专门会精神胜利的阿Q……

鲁迅小时候，家道已经中落，父亲生病，鲁迅便不得不出入在当铺子的门口。

鲁迅看穿了人情的奸诈浮薄，所以从很小的时候，就想改良我们这民族性，想使我们这老大的民族转弱为强！

## 第一幕　表演

舞台开幕时，是一片漆黑。

黑暗中渐渐地有一颗星星出现了，越来越亮，又渐渐隐去。

黑幕拉开，舞台有个高高的当铺台，柜台上面摆着一个浑圆的葫芦，一个毡帽大小的一把酒壶。

当铺门口西边有一张桌子，桌裙是一张白布，什么字也没有写。东边是两只破棉袄乱放在那里。

近当铺门口有个小石狮子的下马台，是早年给路人拴马用的，下马石旁边立着一根红色的花柱，柱顶上有块招匾，写个很大的“押”字。

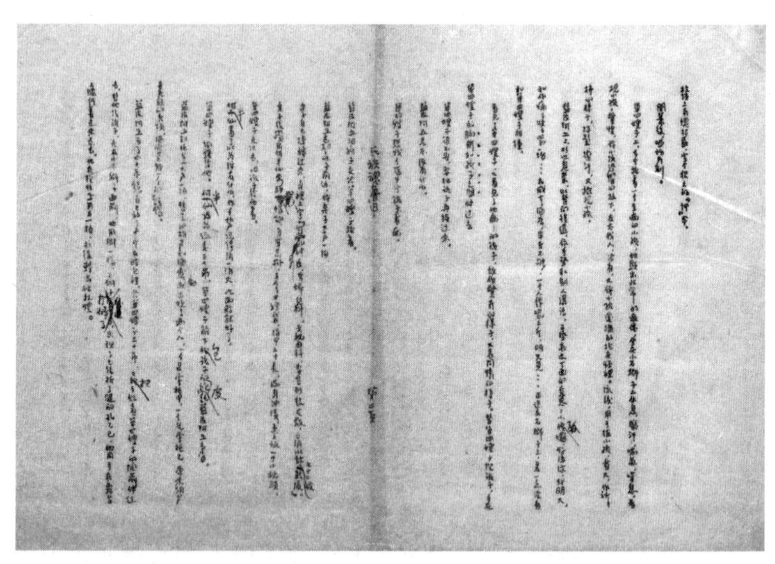

《民族魂鲁迅》，四幕哑剧，萧红编剧，第一幕第二页

开幕后，哑场片刻。

单四嫂子上，手中抱着一个生病的小孩，她显出非常的疲倦，坐在小石狮子上休息，擦汗，喘气，叹息，看视小孩，惊惶，将小孩恐惧地放下，左右找人，没有，又将小孩爱抚地抱在怀里。流泪，用手

摇小孩，看天，作祈祷的样子，掠发，擦汗，又检视小孩。

蓝皮阿五上，形状鬼祟，以背向移退，作手势和别人讲话。手势表示下面的意思：小孤孀，好凄凉，我明天和你痛痛快快唱一场……在咸亨酒店，半斤不够，一个人得喝三斤，明天见……正退在石狮子上，差一点没有和单四嫂子相撞。

看见单四嫂子，又看见了她病了的孩子，故作惊奇的样子，又表同情的样子。替单四嫂子抱孩子，手在单四嫂子的胸前和孩子之间伸过去。

单四嫂子很不安，要抱孩子再接过来。

蓝皮阿五表示没有什么。

单四嫂子想找个医生给孩子看病。

蓝皮阿五把孩子交给单四嫂子抱着。

蓝皮阿五走到桌子前边，将桌子大声一拍。

桌子自己掉转过来，桌裙上写："何半仙神医，男妇儿科，老祝由科，专售败鼓皮散，立消水鼓，七十二般鼓胀。"桌子后蹿出何半仙来，头戴帽翘，身穿马褂，手拿水烟袋，指甲三寸长，满身油渍，桌上放一个小枕头，单四嫂子走过去，抱孩子给他看。

何半仙看了以为没有什么，作手势说得消一消火，吃两帖就好了。

单四嫂子掏钱给他。何半仙认为还差三十吊。单四嫂子解下包孩子的袄皮托蓝皮阿五去当。

蓝皮阿五到柜台上大声一拍，柜台上的葫芦和酒壶处就出现了两个人，一个是掌柜甲，一个是掌柜乙，原来葫芦是秃头的秃顶，酒壶是那一个的毡帽。

蓝皮阿五当了四十吊钱，自己放了十吊在腰包里，给单四嫂子三十吊，又把手贴着单四嫂子的胸前伸过去，替她抱孩子，走在小石狮子面前，他用脚一踢，石狮子打碎了，出现了已经折了腿的孔乙己，他用手在舞台上膝行着走来走去。他在枪柱上用力一拍，柱后转出祥林嫂。

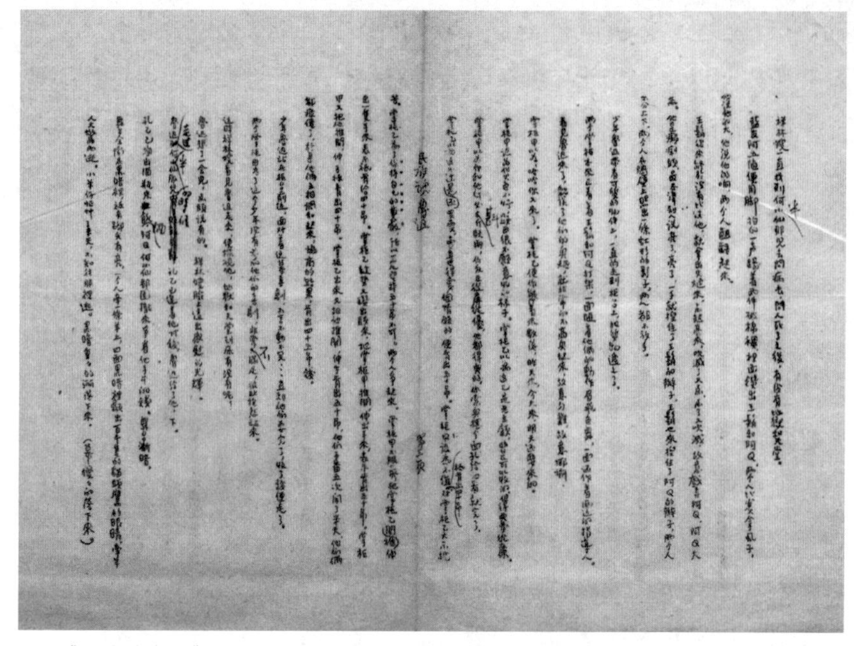

《民族魂鲁迅》，四幕哑剧，萧红编剧，第一幕第三页

祥林嫂一直找到何半仙那儿去问病去，问人死了之后，有没有地狱和天堂。

蓝皮阿五随便用脚啪的一声踢着两件破棉袄，里面钻出王胡和阿Q，两个人比赛拿虱子，他说他的大，他说他的响，两个人龌龊起来。

王胡后来终于没有比胜他，就拿出火镰来，点起亮来，吹灭了又点，点了又吹灭，故意戏弄阿Q，阿Q大气。他是癞痢头，最忌讳别人说亮了，亮了。一手就捏住了王胡的辫子，王胡也来捏住了阿Q的辫子，两个人不分上下，两个人在墙壁上照出一条虹形的影子，两人都不放手。

少年鲁迅带着可质的物件上，一直走到柜台上，把质物递上了。

两个掌柜本来正看着王胡和阿Q打架，一面随着他俩的动作眉飞色舞，一面还做着两边的指导人。看见鲁迅来了，耽误了他们的兴趣，就非常地不高兴起来，故意刁难，故意揶揄。

掌柜甲以为：哈哈你又来了。掌柜乙便作态着来数落，昨天来，今天来，明天还要来的。

掌柜甲认为货色不行，显出很不愿意的样子。掌柜乙以为这已是老主顾，收是可以收的，但得典费从廉。

掌柜甲以为你和他何必斟斤驳两，你反正从廉从优，他都得典的，你索兴摆个面孔给他看就完了。

掌柜乙以为这不过还是买卖，卖身也得卖个情愿的，便肯出五十吊。掌柜甲认为不值，只肯出四十吊，对掌柜乙大示（肆）挖苦。掌柜乙为了保持自己的尊严，所以一定坚持五十吊不可。两个人争起来。掌柜甲不服气，把掌柜乙推开，伸出一只手来表示只肯给四十吊。掌柜乙趁势又蹿出头来，把掌柜甲推开，伸出手来，表示肯出五十吊。掌柜甲又把他推开，伸手只肯出四十吊。掌柜乙出来又把他推开，他们三番五次闹了半天，他们俩都疲倦了，于是他俩互相调和起来，协商的结果，肯出四十五吊钱。

少年鲁迅站在柜台前边，面对着这幕喜剧，不言不动不笑……直到他们要完了，收了钱便走了。

两个掌柜因为了这个少年没有参加他们的喜剧，非常不满足，彼此抱怨起来。

这时祥林嫂看见鲁迅走来，便探视他，地狱和天堂到底有没有呢？

鲁迅想了一会儿，点头说有的。祥林嫂脸上透过感慰的光辉。

鲁迅走过何半仙那儿的时候，孔乙己追着他讨钱，鲁迅给了他，下。

孔乙己掏出酒瓶来饮酒，阿Q何半仙都围拢来争看他手中的钱。舞台渐暗。

舞台全陷在黑暗里，只有脚尖有亮，一个人牵一条羊上，四面黑暗里显出百千只的猫头鹰的眼睛，牵羊人大惊而逃。小羊仔（崽）怔忡了半天，不知往哪里逃。黑暗重重地洒落下来。（幕慢慢地落下来）

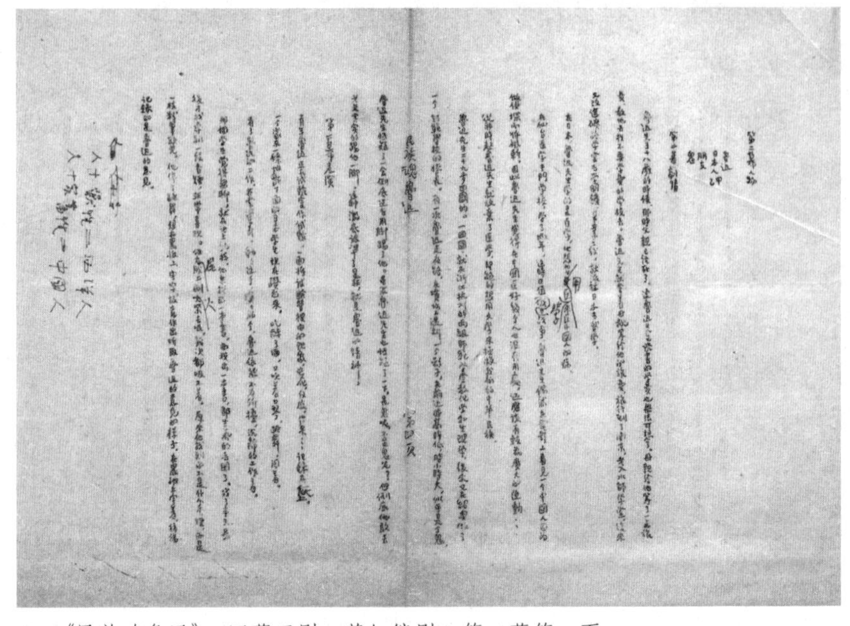

《民族魂鲁迅》，四幕哑剧，萧红编剧，第二幕第一页

## 第二幕　人物

鲁迅

日本人 甲 乙

朋友

鬼

## 第二幕　剧情

鲁迅先生十八岁的时候，那时父亲已经死了。连鲁迅读书的学费也无法可想了。母亲给他筹了一点旅费，教他去找不要学费的学校去。鲁迅先生就拿着母亲筹给他的旅费，旅行到了南京，考入水师学堂，后来又改进矿路学堂去学开矿，毕业之后，就派往日本去留学。

在日本。鲁迅先生学的是医学，他想要用医学来医中国人的病。

在仙台医学专门学校，学了两年，这时正值日俄战争，鲁迅先生偶然在电影上看见一个中国人因为做侦探而将被斩，因此鲁迅先生觉得在中国医好几个人也没有用处，还应该有较为广大的运动……

从那时起鲁迅先生就放弃了医学，坚绝（决）地想用文学来拯救我们的中华民族。

鲁迅先生二十九岁回国。一回国，就在浙江杭州的两级师范学堂教化学和生理学，后来又在绍兴做了一个师范学校的校长。有一次鲁迅走夜路，在坟场上遇到一个影子，在前边时高时低，时小时大，似乎是个鬼，鲁迅先生怀疑了一会，倒（到）底过去用脚踢了他。虽然鲁迅先生也怀疑了一下，是鬼呢，不是鬼呢？但到底他敢去老老实实地踢他一脚，这种彻底认准了是非，就是鲁迅的精神。

## 第二幕　表演

青年鲁迅正在试验室做试验，一面将试验管里面的现象、变化、反应、结果等记录在纸上。

一个蒙在一条地毡下面的日本学生现在钻出来。吃醉了酒，口吹着口琴，跳舞，闹着。

看了鲁迅的工作，非常惊奇。动动这个，摸摸那个，鲁迅依然不为所扰，沉静地工作着。

那个学生觉得无聊，就在地上乱找，他东找出一本书，西找出一本书，都生气地丢开了。找了半天，最后才找寻到一段香烟，非常喜欢。他在屁股上划火柴去吸，几次都吸不着。原来他找到的不是什么香烟，而是一支粉笔头儿。他停了跳舞，想在黑板上，写字，故意做出听取鲁迅的意见的样子，在黑板上写着，仿佛记录的是鲁迅的意见。

人+兽性=西洋人

人+家畜性=中国人

鲁迅冷冷地看了他一眼，并不睬他，仍在工作。

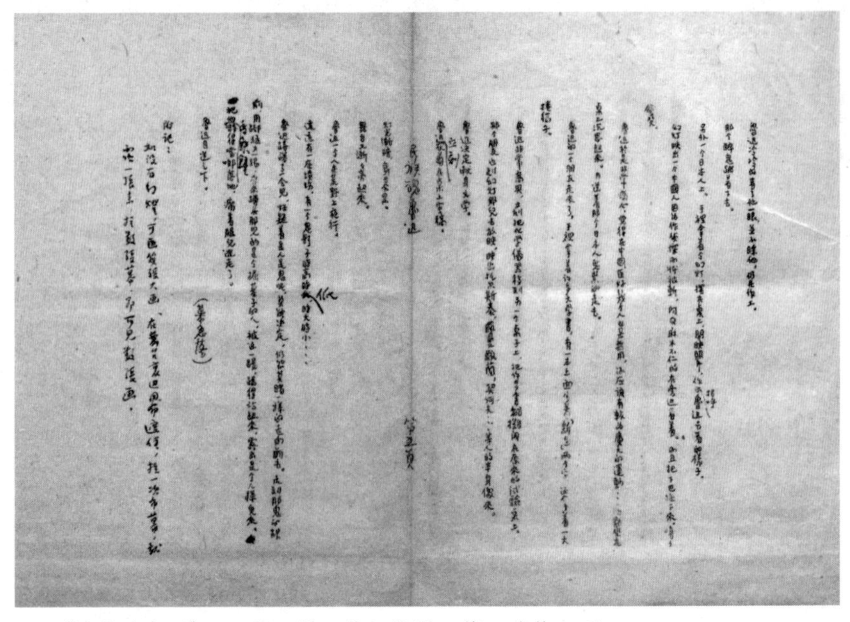

《民族魂鲁迅》，四幕哑剧，萧红编剧，第二幕第二页

那个醉鬼跳着下去。

另外一个日本人上。手里拿着个幻灯，摆在桌子上，开映照片，做出招呼鲁迅去看的样子。

幻灯映出一个中国人因为做侦探而将被斩，阿Q麻木不仁地在旁边看着。而且把下巴拖下来，嘻嘻傻笑。

鲁迅于是非常痛心，觉得在中国医好几个人也是无用，还应该有较为广大的运动……他默坐在桌子上沉思起来，目送着那个日本人鬼祟地走去。

鲁迅的一个朋友走来了，手里拿着许多文学书，有一本上面写着“新生”两个字，还拿着一大卷稿子。

鲁迅非常高兴，立刻把化学仪器移到另一个桌子上，把许多书都摊开在原来的试验桌上。

那个朋友也到幻灯那儿去放映，映出托尔斯泰、罗曼·罗兰、契诃夫等人的半身像来。

鲁迅决定献身文学。

鲁迅立刻伏在桌子上写稿。

灯光渐暗，舞台全黑。

舞台又渐渐亮起来。

鲁迅一个人在荒野上夜行。

远远有一座坟场，有一个鬼影子时高时低，时大时小……

鲁迅踌躇了一会儿，怀疑着是人，是鬼呢，莫能决定，仍然莫睹一样地走向前去。走到那鬼的跟前，用脚猛力一踢，原来蹲在那儿的是个掘墓子的人，被这一踢，踢得站起来，露出是个人样儿来。

把他的铁铲吓得当啷落地，瘸着腿儿逃走了。

鲁迅目送之，下。

（幕急落）

附记：

如没有幻灯，可画几张大画，在舞台里边用布遮住，拉一次布幕，就露一张来，拉数张幕，即可见数张画。

## 第三幕　人物

| | |
|---|---|
| 鲁迅 | 朋友 |
| 绅士 | 强盗 |
| 贵妇人 | 狗 |
| 恶青年二人 | 好青年二人 |

## 第三幕　剧情

鲁迅先生在北京的时候，和假的正人君子们，孤桐先生就是章士钊那些人所代表的反动势力，做着激烈的斗争，因为他们随便地杀戮青年。鲁迅先生在这个暗无天日的军阀政客统治的高压下，一个人孤军作战，毫不容情的把这般假的正人君子们击倒。

但在同一个时候，北京的学者，也有人在提倡实验主义，磕头主义，君子主义的主张来和敌人妥协，但鲁迅先生对这些都一概置之不听，认为和这些假的正人君子，假的猛人战士不能讲客气，只能打到底。比如打已经落到水里的狗，非要再打它不可，一直打到它不能再爬到岸上来，才放手。因为不这样，那狗爬到岸上还要咬人的，还要弄了人一身泥污的。所以后来有几个学者到段祺瑞政府去告密，说鲁迅先生不好，要捕拿他。

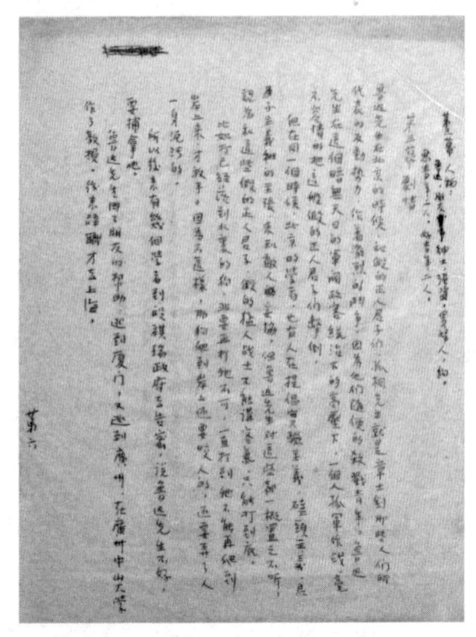

《民族魂鲁迅》，四幕哑剧，萧红编剧，第三幕第一页

鲁迅先生因了朋友的帮助，逃到厦门，又逃到广州，在广州中山大学做了教授，后来辞职才去上海。

## 第三幕　表演

开幕后，舞台上露出一段篱笆，用竹子做的，上边挂个牌子"内有恶犬"。篱笆下有两块灰色的圆石头平放着。

篱笆的一边，有个水池子。

鲁迅先生还用一个竹竿在打着什么东西，一个贵妇人牵着一条小哈巴狗轻悄地走过。路上有一块砖头，颠了她一下，差点儿跌倒了。

鲁迅先生的朋友，一个很文雅的教授，戴着眼镜，夹着一个很大的公事包走过来，对鲁迅先生作

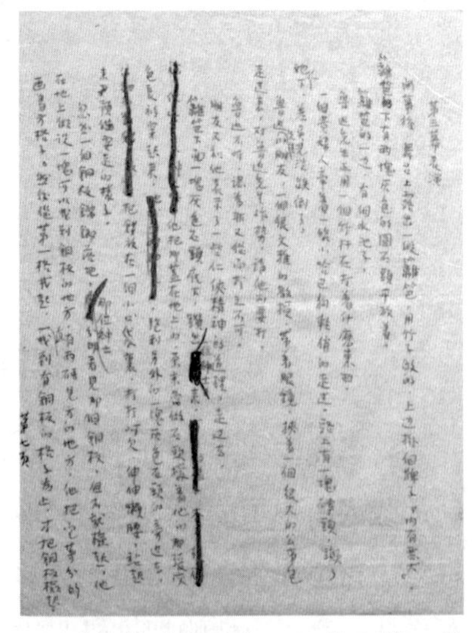

《民族魂鲁迅》，四幕哑剧，萧红编剧，第三幕第二页

势，请他不要打。

鲁迅不听，认为非又从而打之不可。

朋友又和他表示了一些仁侠精神的道理，走过去。

篱笆下面一块灰色石头底下，钻出一位绅士来，他把所盖在地上的，原来当作石头蒙着他的那张灰色长衫穿起来，跑到另外的一块灰色石头的旁边去，把钱放在一个小口袋里，打打哈欠，伸伸懒腰，站起来预备要走的样子。

忽然一个铜板当啷落地，那位绅士分明看见那个铜板，但不就捡起，他在地上假设一块可以找到铜板的地方，有两码见方的地方，他把它等分的画着方格子。然后从第一格找起，一直找到有铜板的格子为止，才把铜板捡起。

他实行着他的实验主义。

他站起来走路的时候，他忽然忘记了人身上的四肢，不知那两肢是为的走路的，他先试着走几步，觉得不能充分证明脚是用来走路的，便爬下去用手来走路试试，这一走，气喘汗流，才又转过来，用脚来走路。

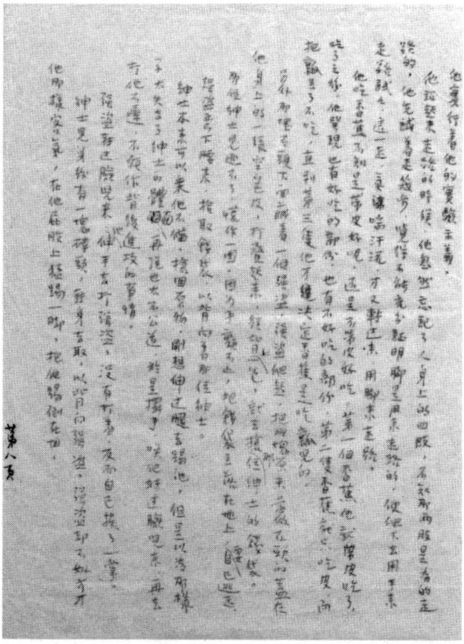

他吃香蕉不知是带皮好呢，还是不带皮好吃，第一个香蕉他就带皮吃了，吃了之后，他发现它有好吃的部分，也有不好吃的部分，第二只香蕉就只吃皮，而把瓤丢了不吃，直到第三只他才决定香蕉是吃瓤儿的。

另外那块石头下面藏着一个强盗，强盗爬起，把那块原来当作石头的盖在他身上的一张空包皮打叠起来，往背上一包，就去抢那位绅士的钱袋。

《民族魂鲁迅》，四幕哑剧，萧红编剧，第三幕第三页

那位绅士见逃不了，慌作一团。因为手颤不止，把钱袋丢落在地上，要自己逃走，强盗弯下腰来，拾取钱袋，以背向着那位绅士。

绅士本来可以乘他不备，抢回原物，刚想伸过腿去踢他，但是以为那样子太失去了绅士的体面，再说也太不公道，于是摆手，唤他转过脸儿来，再去打他不迟，不愿做背后进攻的事情。

强盗转过脸儿来，他伸手去打强盗，没有打着，反而自己挨了一掌。

绅士见身后有一块砖头，转身去取，以背向强盗，强盗却不如方才他那样客气，在他屁股上猛踢一脚，把他踢倒在地。

强盗因为回头注视他，没当心，被那块砖头绊倒了。

绅士走过来，本来可以乘他倒时打他，但他寻思了一会儿，仍然招手把他唤起，用手扶着他的肩膀，帮他站好，然后摆好阵势，才伸拳去打他，没有打着，反挨了对方一掌。

这时这位绅士又去拾取砖头，强盗乘他不备，伸出脚来，又把他踢倒。强盗拿起钱袋扬长而去，绅士则懊丧失望，用脚走下舞台去。

这时二恶青年上，他们看见了鲁迅在水边坐着。

青年甲认为鲁迅是有闲，有闲，第三有闲，一定是在看风景。

青年乙则认为鲁迅是醉眼的蒙眬，一定是看见了一只青蛙，以为是什么怪物，在那儿昏头昏脑地打了起来。

那青年学着鲁迅的样子在看，然后自己蹲在地上做出青蛙在跳的样子，然后又立直了，像个旁观者似的看着，看了一会

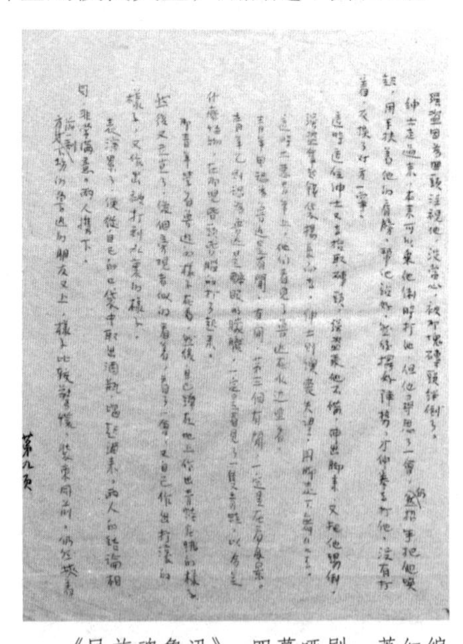

《民族魂鲁迅》，四幕哑剧，萧红编剧，第三幕第四页

儿，又自己做出打滚的样子，又做出被打到水里的样子。

表演累了，便从自己的口袋中取出酒瓶喝起酒来，两人的结论相同，非常满意。两人携下。

前一刻下场的鲁迅的朋友又上，样子比较惊慌，装束同前，仍然夹着大皮包。

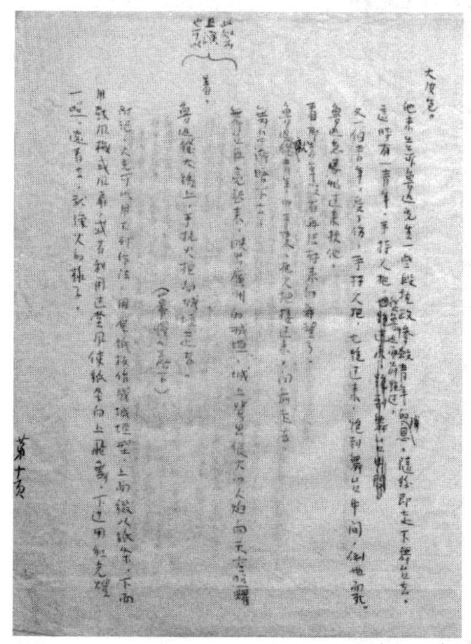

《民族魂鲁迅》，四幕哑剧，萧红编剧，第三幕第五页

他来告诉鲁迅先生一些段执政惨杀青年的消息，随后即走下舞台去。

这时有一青年，手持火把，从鲁迅面前跑过，又一个青年，受了伤，手持火把，也跑过来，跑到舞台中间，倒地而死。

鲁迅急忙过来扶他。

看那青年没有再活转来的希望了。

鲁迅就从青年的手里，把火把接过来，向前走去。

舞台渐暗下去！

舞台再亮起来，映出广州的城垣，城上发出很大的火焰向天空照耀着。

鲁迅从大路上，手执火把向城垣走去。（此处不上演也可以）

（幕慢慢落下）

附记：

火光可以用下列做法，用厚纸板做成城垣型（形），上面缀以纸条，下面用鼓风机或风扇，或着利用过堂风使纸条向上飞舞，下边用红光灯一照，远看去，就像火的样子。

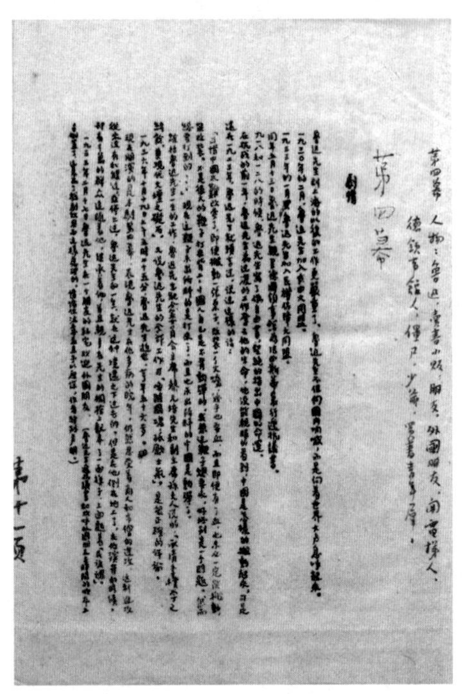

《民族魂鲁迅》，四幕哑剧，萧红编剧，第四幕第一页（1）

## 第四幕　人物

| | |
|---|---|
| 鲁迅 | 卖书小贩 |
| 朋友 | 外国朋友 |
| 开电梯人 | 德领事馆人 |
| 僵尸 | 少爷 |
| 买书青年群 | |

## 第四幕　剧情

鲁迅先生到上海以后的工作更严重了，鲁迅先生不但向国内呐喊，而是向着世界大声急（疾）呼起来。

一九三〇年的二月，鲁迅先生加入自由大同盟。

一九三三年的一月，鲁迅先生加入民权保障大同盟。

同年五月十三日，鲁迅先生亲至德国领事馆为法西斯蒂暴行递抗议书。

“九一八”和“一·二八”的时候，鲁迅先生写了《伪自由书》，坚决地指出中国的命运。

在抗战的前一年，鲁迅先生为过度的工作夺去他的生命，他没有亲眼看到，中国是怎样的搬动起来，可是远在一九二三年，鲁迅先生就预言过，说过这样的话：

“可惜中国太难改变了，即便搬动一张桌子，改装一个火炉，几乎也要血，而且即便有了血，也未必一定能搬动，能改装。不是很大的辫子打在背上，中国人自己是不肯动弹的，我想这鞭子总要来，好坏是别一个问题。然而总要打到的……”现在这鞭子未出所料的是打来了，而且也未出所料的中国是动弹了。

综括鲁迅先生一生的工作，鲁迅先生纪念委员会主席蔡元培先生和副主席宋夫人说“承清季朴学之绪余，奠现代文坛之础石”，又说鲁迅先生的全部工作可“唤醒国魂，砥砺士气”，是很正确的评论。

一九三六年十月十九日上午五时二十五分，鲁迅先生逝世，享年五十六岁。

现在开演的是本剧第四幕，表现鲁迅先生在他多病的晚年，仍然忍受着商人和市侩的进攻，这种进攻从来没有和缓过，或停止过。鲁迅先生的一生，就在这这种境遇之下过去的，但是在他倒在地上了，在他殡葬的时候，却有千万的群众追随着他，继承着他，并且亲手在先生的桐棺上献奉了一面旗子，上面题着“民族魂”。

一九三三年二月十七日，鲁迅先生在一个朋友的私宅欢呼（迎）外国朋友。

（鲁迅先生递抗议书和欢迎外国朋友在时间的顺序上是倒置了，这是为了戏剧效果而这样处理的，请诸位注意并且予以原谅，作者特别声明。）

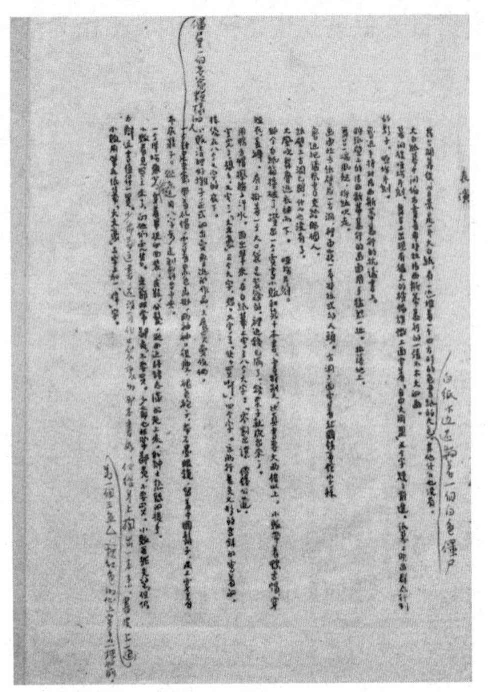

《民族魂鲁迅》，四幕哑剧，萧红编剧，第四幕第一页（2）

## 第四幕　表演

舞台开幕后，背景是一片大白纸，有一边堆着一个四方形的包书纸的大包，白纸下边还躺着一个白色僵尸。其他什么也没有。

大白纸幕中间偏右画着希特拉（勒）法西斯蒂暴行的一张不太大的画。

幕开后哑场片刻，舞台上出现有很大的横幅旗帜，上面写着“自由大同盟”五个字缓缓前进。纸幕上映出群众行列的影子。哑场片刻。

鲁迅手持对法西斯蒂暴行的抗议书上。

将纸壁上的法西斯蒂暴行的画面用手猛烈一扯，扯落地上。

舞台一端风起，将纸吹走。

画面扯去纸壁成一方洞，里面露一希特拉（勒）式的人头。方洞上面写着“德国领事馆”字样。

鲁迅把抗议书交给那个人。

纸壁上方洞已关，什么也没有了。

大风吹舞鲁迅衣袂而下。哑场片刻。

那个白纸箱撞破了，钻出一个卖书小贩和几十本书。书特别大，比真书要大两倍以上。小贩戴着鸭舌帽，穿短衣，长裤。肩上挂着一个大口袋是装钱的，里边钱已满了。钱票子就流出来了。

用鸭舌帽擦脸上汗水。取出笔来，在白纸幕上写了八个大字："零割出让，价钱公道。"

写完了，想想，又写了"大文豪"三个大字，想想又写了"快快买啊"四个字。这两行是交叉形地歪斜地写着的。

接续在八个大字的底下。

小贩清理好摊子，正式地出卖鲁迅的作品，大展买卖伎俩。

僵尸是一个老爷模样的人戴着礼帽，穿着黑色马褂，两袖袖口很瘦，褪色袍子，带（戴）石墨眼镜，留着中国胡子，足上穿着布底鞋子。从东边用八字步走到舞台中央。

一个洋场少爷，穿着笔挺的西装，皮鞋，分发，从西边踌躇志满地走上来，和绅士热烈握手。

小贩看见买主来了。向他们兜售。老爷非常鄙夷，不要买。少爷也非常鄙夷，不要买。小贩虽然失望，但仍力辩这书值得一买。少爷看这书，远没有他口袋里的那本书好，他从身上掏出一本来，书皮上画着一个三角△，一颗红色的心上穿着一支箭。

小贩用笔在纸幕"大文豪"三字上加一"伟"字。

老爷和少爷看了仍不起劲，仍然不买。小贩擦汗，诅咒，为自己的生意而生气。

老爷表示书中那一套没什么道理，还不如他肚子里的那一套。少爷表示书中那一套，没什么道理，还不如他肚子里的那一套。

小贩追询他们那一套是什么呢？少爷主张表演给他们看，老爷认为没有必要。少爷认为那样要被轻视。老爷想演演又何妨。于是两人

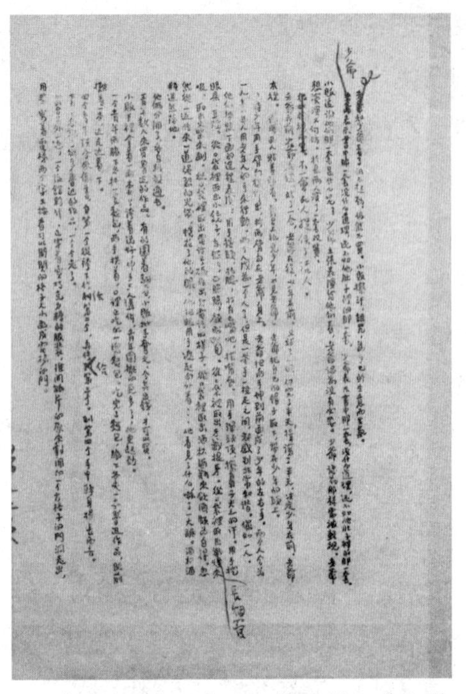

《民族魂鲁迅》，四幕哑剧，萧红编剧，第四幕第二页（1）

演了一套双簧。

不一会儿死人捉住了活人。

老爷在前，少爷在后，站了一会儿，老爷在后，少爷在前。又站了一会儿，研究了半天，揖让了半天，决定少年在前，老爷在后。这时两人贴着站着，舞台上只见少年，不见老爷。老爷把自己的帽子取下，带（戴）在少爷的头上。

这时少爷用手臂向后伸出，将两臂勾在老爷身上。老爷把两手伸到前面成了少爷的左右手。两个人合为一人。青年人用老年人的手来行动。两个人成为一个人了，但是一举手一投足之间，都感到非常和谐，俨如一人。

他们按照下面的进程表演：用手搔头，托腮，打自己嘴巴，挖嘴唇。用手弹头顶，擦鼻子尖上的汗。用手挖眼屎，耳腔。从口袋里取出小镜子，东照照，西照照，顾盼自如。从口袋里取出牙签提（剔）

牙。从口袋里取出长烟管吸，取出火柴来划，从口袋里取出电话号码做出打电话的样子。从口袋里取出酒杯酒瓶来饮酒，颇为自得。忽然从一边传来一道强烈的光线，幌（晃）花了他的眼，他把眼用手遮起来向外看……他看见了什么，吓了一大跳。酒杯酒瓶迸（砰）然落地。

他俩分开了，各自狼狈遁去。

青年数人来买鲁迅的作品。有的围着翻看，小贩批（劈）手夺之，令其出钱，才可以买。

小贩手里拿着一两本书，夸着说好，伸手与人讲价，青年围拢的更多了，他更起劲。

一个青年两胁下各挟着一只面包，两手拱着，口里正吃一块面包。吃完了面包，胁下各夹一本鲁迅作品，眼前摊着一本，边走边看，下。

四个青年联合起来偷书，自第一个从胯下传给第二个，再传给第三个。到第四个手中转身扬长而去。

青年各抱了很多鲁迅的作品，一个个走了。

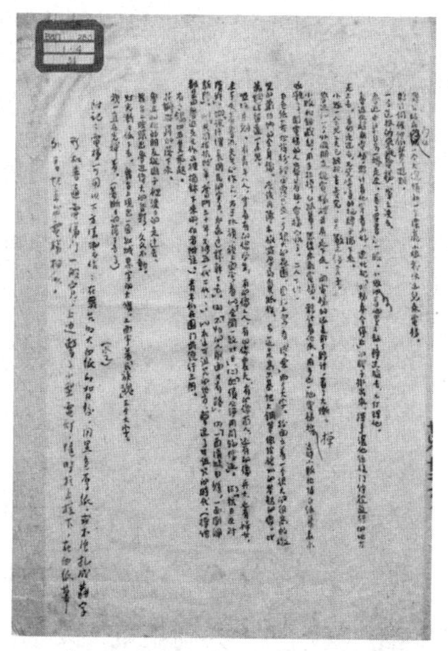

《民族魂鲁迅》，四幕哑剧，萧红编剧，第四幕第二页(2)

舞台另外一边，一个旅馆伙计，正穿着卖巧克力糖的服装，推开纸片的原来割开的一个方格子的门洞走出，用笔写着“电梯”两个字，又按着可以开关的格子大小画成电梯的门。

伙计站在门口，一个大块头和一个漂亮小姐都来这儿乘电梯。

伙计伺候他们非常周到。

一个送报的来乘电梯，挥之使去。

鲁迅由舞台另一端走来。看了买书的一眼。小贩看他买不起，转过脸去，不搭理他。

鲁迅来赶乘电梯，伙计看他穿着不好，连忙把“此梯奉令停止”的牌子挂出来，挥手让他往后门侍役通行的地方走上去，看他走过去，又笑嘻嘻地把牌子摘下来。

小贩一会儿工夫已经把书卖完了，正在数点钱票子。

鲁迅和一个外国朋友从电梯里并肩走下来。开电梯的还是那个伙计，看了大惭。

小贩把钱藏起，用手扯掉白纸幕，然后来乘电梯。伙计看他来，用手也一把将电梯扯掉。这时小贩扯掉白纸幕表示收摊了，开电梯的人也帮着扯，电梯也收了。二人下场。

白色纸幕扯掉后，里面露出来一个很大的花园。园门上写着“博爱”两个大字。后面立着一个很大的很高的微笑的萧伯纳的全身像。应该用薄木板或厚马粪纸作（做）。另一边是高尔基把大钢笔像投枪似的举起的像，比萧站得远一点儿。

哑场片刻。有青年八人，穿着有的像学生，有的像工人，有的像农夫，有的像商人，还有的像兵士，也有妇女，左手夹着鲁迅先生的作品，右手执旗，旗上面写着：（一）“全国一致对日。”（二）“血债必须用物偿还。”（三）“抗日反对汉奸。”（四）“设法增长国民的实力，永远这样干下去。”（五）“不怕的人前面才有路。”（六）“一面清结旧账，一面开辟新路。”（七）“共同拒抗，改革，奋斗三十年，不够再一代二代……”（八）“在这可诅咒的地方，击退了可诅咒的时代。”（标语都是由鲁迅先生作品里摘录下来的，作者附注）青年们在园门前绕行三周。

有白鸽四五只飞起。

花瓣飞舞着落下来。

鲁迅和他的朋友从园子里缓缓地走过去。

舞台上映照出鲁迅伟大的背影，久久不动。

灯光渐渐低下去。舞台上现出一面红绒黑字的大旗，上面写着“民族魂”三个大字。旗一直在光辉着。（幕渐渐地落下去）

（完）

附记：

电梯可用以下方法制作：在舞台的大白纸的背后，用黑色厚纸，或木片扎成“井”字形和普通电梯门一般宽；上边系了小型电灯，随时拉上拉下，在白纸幕外，看起来与电梯相似。

# 七、实物

在萧红留给我们的遗产宝库中，人们更多地是关注、研究她留给世人的文学作品，而对她的另一部分遗物如衣物、箱子等了解和探究得很少，特别是她给萧军做的去见鲁迅时穿的衣服所使用过的划笔，还从没有向公众展示。这些物品曾陪伴萧红走过了人生中最艰难的岁月，也记录了她和萧军曾拥有过的甜美的爱情故事。

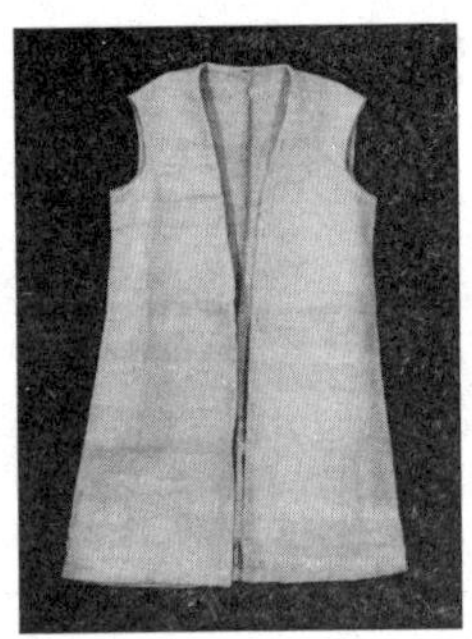

萧红穿过的绒马甲

1934年12月18日萧红为萧军做衣服使用的白滑石，德国制造。其中有一块长方形的石头上写着“诗人高原　小弟题”

萧红、萧军用过的笔架

萧红用过的柳条箱

骆宾基在《萧红小传》中写道：

"搬家！什么叫搬家？移了一个窠就是罢！

一辆马车，载了两个人，一个条箱，行李也在条箱里。……"

…………

"到了：商市街××号。

他挟着条箱，我端着脸盆，通过很长的院子，在尽那头，第一下拉开门的是郎华，他说：

'进去吧！'

'家'就这样地搬来，这就是'家'。"

也许这就是当时"搬家"用过的"条箱"吧。

（《萧军与萧红》，萧耘、王建中编著，2003年团结出版社，第27页）

萧红使用过的皮箱

“她让我把身上的罩衫脱下来，又从皮箱里把我在哈尔滨夏天穿的一件俄国高加索式立领绣花的大衬衫找了出来……”萧军在《我们第一次应邀参加了鲁迅先生的宴会》文中提到了“皮箱”，但不知道是不是现存的这个“皮箱”。

# 八、照片

北京鲁迅博物馆馆藏萧红照片有两个部分：一部分是萧红萧军1937年离开上海时，交给许广平保存的相册三本：一本是玫瑰花封面的相册，这里面的相片最多，也非常精美；一本绿色外国图案的相册，是萧红留学日本时购得；还有一本是菱形花色丝绸面的相册，里面装有一些萧军朋友的照片，还有一些散片和底片。封存了八十三年的萧红相片集中出镜对于萧红的研究是件非常有意义的事情。另一部分是胡风、梅志保存的萧红照片，后由他们的女儿张晓风捐赠。

萧红的生命只停留在三十一岁，她除了留下《生死场》《呼兰河传》传世作品，还给我们留下了影像资料，人像照片资料作为一种辅助工具能够有效地降低语言表达的局限性，这是她给我们留下的一笔宝贵财富，也是这个时代的神话。一张张萧红像、萧红与萧军的合影、萧红与朋友的合影照片，打开了时间隧道，让我们走进萧红的时代，感受她的人生……

随着时代的变迁，读图时代的到来，照片资料日益受到读者的喜爱。

## 1. 许广平收藏的萧红照片

### (1) 萧红、萧军珍爱的相册

相册封面

玫瑰花相册，萧红、萧军流亡到上海时购买，内嵌九十六张照片。里面封存了很多萧红和萧军的浪漫故事，以及同时代人的肖像、生活照，记寻了萧红那一代人。1937年，他们南下时，委托许广平保存，1950年，许广平把鲁迅的大部分遗物捐献给了北京鲁迅博物馆，这本玫瑰相册也一起移交给了博物馆

环衬

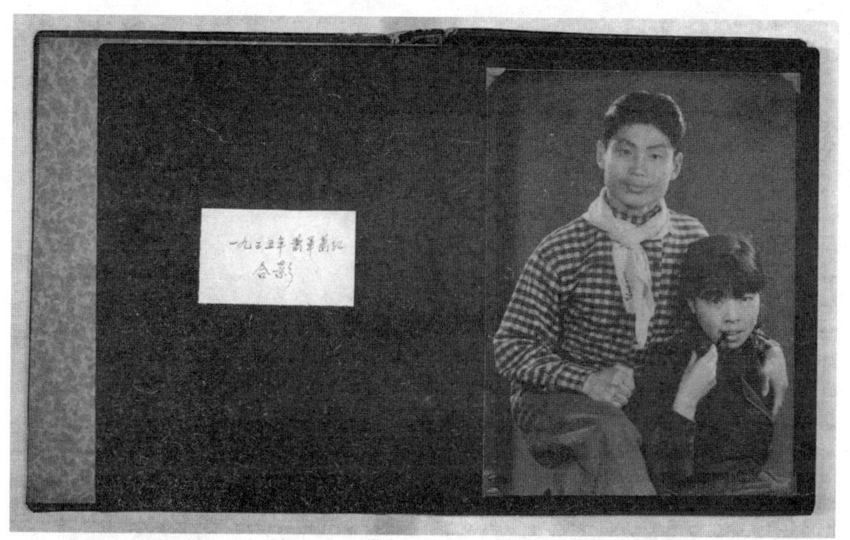


相册的第二页。1935年萧红和萧军在上海拍摄。九十六张照片中，二萧的合影照里，这张的尺寸是最大的，占满了整页，被称作“礼服照”。其他照片或小，或在中间，或几张照片放在一页上。1935年，为赴鲁迅先生家宴，萧红特意买料给萧军赶制了一件格衬衫，萧军回忆说：“她几乎是不吃、不喝、不停、不休地在缝制着，只见她那美丽的、纤细的手指不停地在上下穿动着——她再也不和我讲话了……”宴会后留念

相册内页

## （2）萧红故居

萧红在东北呼兰县住处的部分房子

哈尔滨商市街25号大门。1932年11月，萧红、萧军搬出欧罗巴旅馆后，住进商市街25号的地下室，萧红在家操持家务，身体恢复后就去外面找事做。房租是萧军用他的一技之长武术做交换，教房东铁路局庶务科科长的儿子学武术。这是他们的第一个“家”

### （3）萧红像

萧红在哈尔滨

1935年萧红在上海鲁迅家门口留影

1936年秋萧红摄于日本东京

## (4) 萧红、萧军合影

萧红和萧军在兆麟公园留影。1932年秋，产后的萧红非常虚弱，萧军搀扶她离开医院，脚下踏着大水过后的残骸途经兆麟公园留下了难得的影像

萧红的人生虽然坎坷，但也留下了浪漫时刻。1932年萧红和萧军在哈尔滨道里公园合影

1932年冬，松花江发大水，也就是这个大水让怀有身孕的萧红从旅馆中逃了出来，她按照萧军事前告诉她的地址，逃到了裴馨园家，萧军每天都要来看望她。秋天，萧红和萧军在哈尔滨道里公园合影留念

1933年萧红和萧军在哈尔滨商市街25号院内住处门前合影

1933年萧红、萧军在哈尔滨兆麟公园合影

1934年萧红、萧军在青岛中山公园

1934年10月22日萧红和萧军在青岛海边留影。也就是这一天，萧军完成了《八月的乡村》

1935 年萧红、萧军在上海留影

萧红、萧军像叠加照。萧红漫画像，1934 年冯咏秋画。萧军像，1934 年萧军离开哈尔滨前金剑啸画，由于时间紧迫，这是一幅未完成的画，但萧军一直保存在身边，离开上海前，交由许广平保管。新中国成立后，1956 年许广平移交给北京鲁迅博物馆

“美丽照”。1934年摄于哈尔滨。萧军在《鲁迅给萧军萧红信简注释录》中写道：“为了使先生对于我们更具体了解一些，除开寄了《跋涉》《生死场》的稿子以外，还把一张照片寄给了他。这照片是一九三四年春季我们准备离开哈尔滨以前照下的：我穿了一件俄国‘高加索’式绣花的亚麻布衬衫，腰间束了一条暗绿色带有穗头的带子，这是当时哈尔滨青年们流行的装束；萧红穿了一件半截袖子、蓝白色斜条纹绒布的短旗袍，梳了两条短辫子，扎了两朵淡紫色的蝴蝶结，这也是哈尔滨青年妇女一般的装束……（这照片当然不是如今天的彩色的。）这张值得纪念的照片，我已经没有了。记得，我们到上海以后，一位朋友从哈尔滨特意寄来了一份名为《凤凰》的十六开本的文学杂志，原来这份杂志竟把这照片作了它的封面，我们竟像当时的电影明星似的出了一次‘风头’，遗憾的是这张封面竟也被别人当时就要去了。”鲁迅大弟子胡风收藏有这张照片

## （5）萧红与友人合影

1934年，萧红与萧军、罗烽（右三）、梁山丁（右四）在哈尔滨合影

1933年夏，萧红与友人在哈尔滨公园合影

1933年萧红和萧军、金人、舒群、黄之明、裴馨园和樵夫在哈尔滨公园合影。这是一群喜爱文艺，聚集在裴馨园主编的《国际协报》周围的青年朋友，他们时常到冯秋明的“牵牛房”谈论艺术和文学，成立“星星剧团”，为日后萧红创作哑剧《民族魂鲁迅》打下了坚实的基础。

萧军，同裴馨园从旅馆将萧红拯救出来的文学青年，后与萧红同居。

金人，文学青年，萧军将他的翻译作品介绍给鲁迅，鲁迅书信中多次提到他，并广泛把他的译作介绍给友人和刊物。

舒群，文学青年。

黄之明（黄田），萧军讲武堂前后的同学，曾多次援助二萧。

裴馨园，《国际协报》副刊主编，营救萧红的发起人。

樵夫，喜爱文学艺术的青年。

1934年，萧红和萧军逃离哈尔滨来到青岛，与朋友舒群及夫人倪青华相聚在青岛四方公园，并合影留念。左起萧红、萧军、舒群、倪青华

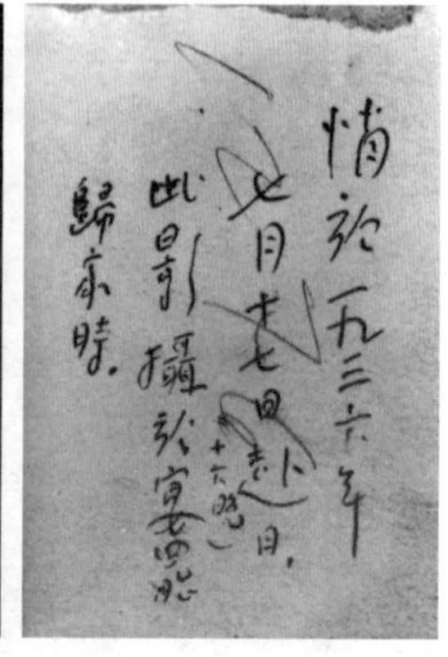


萧红与萧军（中）、黄源（左）合影，1936年7月16日黄源为去日本留学的萧红饯行，萧军同行，宴后三人到上海万氏照相馆合影留念。照片背面有鲁迅题字：“悄吟一九三六年七月十七日赴日，此影摄于宴罢（十六日晚）归家时。”

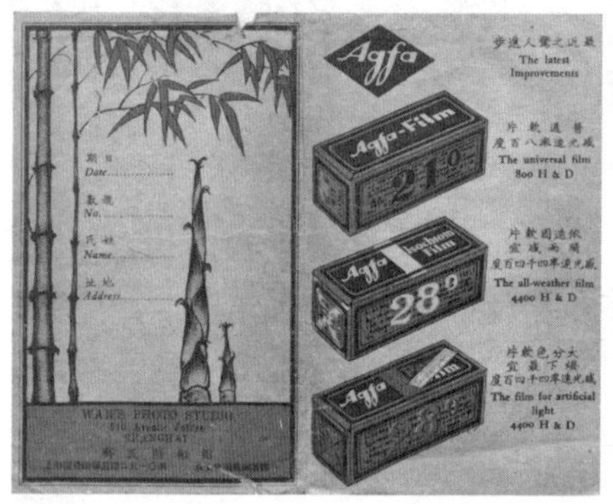


万氏照相馆广告页。万氏照相馆位于上海市霞飞路华龙路510号，永安堂国药店隔壁

许广平与萧红合影，1935年，在上海鲁迅先生家

## (6) 萧红拜谒鲁迅墓

1937年鲁迅墓。当时的墓很简单，只有一个土堆，梯形水泥墓碑上嵌着烧制的鲁迅像，下面“鲁迅先生之墓”是年仅七岁的周海婴所书。1936年10月19日，鲁迅在上海逝世。22日，鲁迅丧仪在万国公墓礼堂举行，后遗体葬于公墓东侧F区。墓位于上海市四川北路2288号鲁迅公园（原虹口公园）西北隅。1947年9月，在文化界进步人士和鲁迅生前好友内山完造的资助下，许广平改建了鲁迅墓，改建后的鲁迅墓碑面上有鲁迅三弟周建人所书的金字碑文。中华人民共和国成立后，在党和政府领导的关心下，1956年，鲁迅墓迁置于虹口公园（即今鲁迅公园）内

1937年萧红与亲友在鲁迅墓前留影。左起依次为金人、袁时洁（袁淑奇）、萧红、张秀柯（萧红的弟弟）、萧军

1937年萧红从日本留学归来后，同萧军、许广平、周海婴拜谒鲁迅墓，并合影留念

1937年鲁迅墓前留念。后排左起依次为袁时洁、萧红、王蕴如（周建人夫人）、许广平、周建人的两个女儿、萧军、金人、萧红的弟弟张秀柯，前排是鲁迅与许广平之子周海婴

### (7) 萧红相册

1936年7月萧红抵达日本，1937年萧红从日本留学归来时带回的相册，这本相册里仅存三张照片

两张不知何地的风景照

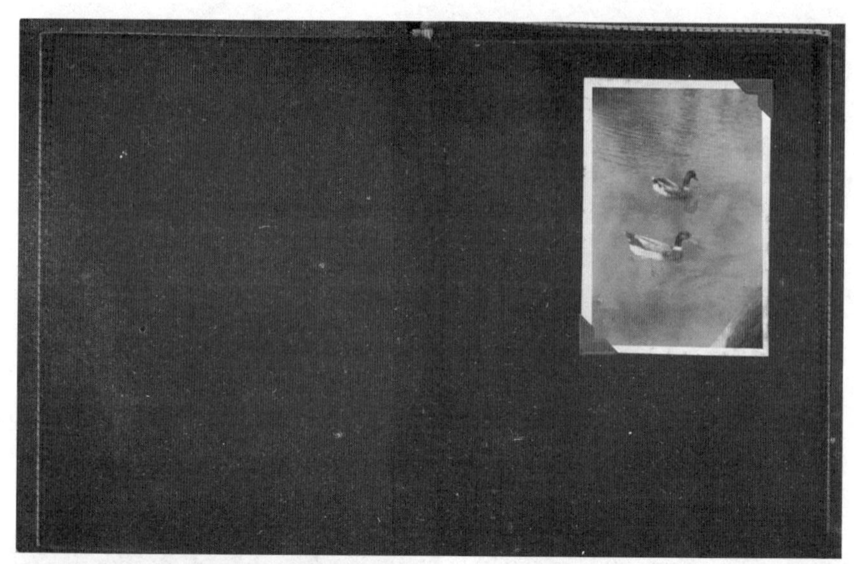

萧军寄赠在日本的萧红照片。两只将要分离一段的鸭子痛苦地在水中游荡，代表了二萧此时的情感经历。1937年萧红从日本回国，到上海后，他们的关系仍然没有恢复如初。1937年6月16日萧军在重新洗印的照片背面题诗：

这是同游在一个池塘里的鸭鸭，
它们互相地不离，
可是终有分散的一天啊！
分离后的鸭鸭，
你们就不必再鸣叫了，
叫也是听不到的！

（6,16夜）

## 2. 胡风、梅志收藏的萧红照片

1934年萧红、萧军离开哈尔滨时合影。他们曾给鲁迅先生寄过一张，现不存。此外，他们还送给丁玲一张，上面有萧红用钢笔写的字：“丁玲：萧红 萧军 1938,20/2”，赠于山西临汾。后来，丁玲在延安时将这张照片连同毛泽东手书诗词一起寄给胡风保存。到1980年胡风还给丁玲毛泽东手书时，当时不知道有这张照片，直至后来胡风家人在整理文物时才发现，最后连同其他老照片一同捐出

田间寄赠胡风照片。照片正面从右到左依次为：端木蕻良、萧红、聂绀弩、田间，他们在山西临汾合影。照片背后有田间的亲笔题字“风兄：弟间春于西安，1938，3，24。”，上面的人名为胡风家人整理照片时所写

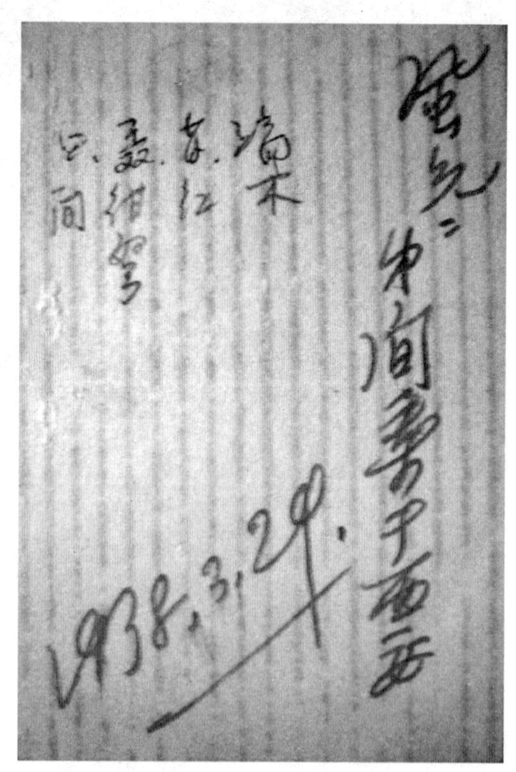

1938年春，萧红在武昌金家花园拍摄，胡风、梅志共存有此照片两张，都有残损

1938年春，萧红与胡风夫人梅志（左一）及其儿子张晓谷（中间）在武昌金家花园合影。胡风、梅志共存有此照片三张，其中一张包装纸上写道："千万别丢了此照片!"与萧红单人照同时拍摄

1939年9月10日，在重庆北温泉王家花园，中华全国文艺界抗敌协会北碚联谊会成立。第一排左起：王洁之、胡绍轩、魏孟克、何容；第二排左起：端木蕻良、方白、陈子展、阜东、萧红、靳以、胡风；第三排左起：马宗融、杨仁甫、老向、方令孺、伍蠡甫

1939年9月10日，在重庆北温泉王家花园，中华全国文艺界抗敌协会北碚联谊会成立。前排左起：端木蕻良、方白、王洁之、陈子展、阜东、萧红、靳以、魏孟克、胡风；后排左起：马宗融、杨仁甫、老向、胡绍轩、方令孺、伍蠡甫、何容。王林谷摄

1934年底，胡风登门拜访了从青岛来到上海的东北籍青年作家萧红和萧军。1981年除夕之夜，胡风口述《悼萧红》一文中道：

> 回想起三十年代初，萧氏夫妇初到上海的情况，还是清晰在目的。第一次鲁迅先生为我们安排了会见，在四马路小花园弄的梁园（河南菜馆）请客，目的是介绍我和别的朋友们与他们见面。可惜约我们赴约的信，被我的小姨子耽误了，她第二天才送来。这使我失去了与他们见面畅谈的机会，还让他们失望久等，我现在想起还感到对不起当时鲁迅先生的一片精心安排，带着妻子和初生的婴儿一同赴宴的。
>
> 不久我们在别的情况下，见面了。见到了这一对在遭敌人侵略的土地上用笔参加了民族革命斗争的青年夫妇，是令我高兴的。尤其是当时叫悄吟的后来的萧红，我觉得她很坦率真诚，还未脱女学生气，头上扎两条小辫，穿着很朴素，脚上还穿的球鞋呢，没有那时上海滩上的姑娘们的那种装腔作势之态。因此虽是初次见面，我对他们就不讲客套，可以说是一见如故了。

正是这“一见如故”，让胡风和萧红很快建立起彼此的友谊和信任，共同成为鲁迅晚年最为欣赏也最为看重的左翼作家。这期间，胡风大力支持萧红的创作，为她的《生死场》写后记，并和鲁迅一起把萧红、萧军推上中国的文坛。胡风收藏的这几张萧红照片，展示了他们曾经的友谊，弥足珍贵。

肖川 主编

# 为生命而教

## Life education

CNS PUBLISHING & MEDIA 中南出版传媒 岳麓書社·长沙

**图书在版编目(CIP)数据**

为生命而教/肖川主编. —长沙:岳麓书社,2014.11(2024.9 重印)

ISBN 978-7-5538-0302-9

Ⅰ.①为... Ⅱ.①肖... Ⅲ.①生命哲学—研究

Ⅳ.①B083

中国版本图书馆 CIP 数据核字(2014)第 255048 号

WEI SHENGMING ER JIAO

**为生命而教**

主　　编:肖　川

责任编辑:皮朝霞　蔡　晟

责任校对:舒　舍

封面设计:刘　峰

岳麓书社出版发行

地址:湖南省长沙市爱民路 47 号

直销电话:0731—88804152　88885616

邮编:410006

岳麓书社网址:www.yueluhistory.com

岳麓书社天猫网:http://lzfts.tmall.com

2014 年 11 月第 1 版　2024 年 9 月第 2 次印刷

开本:710×1000　1/16

印张:22

字数:340 千字

ISBN 978-7-5538-0302-9/B·135

定价:78.00 元

承印:唐山楠萍印务有限公司

如有印装质量问题,请与本社印务部联系

电话:0731—88884129